Marina Chernivsky | Friederike Lorenz-Sinai
Antisemitismus im Kontext Schule

Antisemitismus in institutionellen Kontexten

Herausgegeben von
Marina Chernivsky | Friederike Lorenz-Sinai

Marina Chernivsky | Friederike Lorenz-Sinai

Antisemitismus im Kontext Schule

Deutungen und Praktiken von Lehrkräften und Schulleitungen

Die Autorinnen

Marina Chernivsky ist Psychologin und Verhaltenswissenschaftlerin. Sie arbeitet zu Antisemitismus in Institutionen und leitet das von ihr gegründete Kompetenzzentrum für Prävention und Empowerment sowie die Beratungsstelle OFEK e.V. Bis 2017 war sie Mitglied im Zweiten Unabhängigen Expertenkreis Antisemitismus des Deutschen Bundestages, sie ist Mitherausgeberin des 2017 erschienenen Antisemitismusberichts. Aktuelle Forschungsschwerpunkte: Antisemitismus an Schulen und Gedenkstätten.

Prof. Dr. Friederike Lorenz-Sinai, Erziehungswissenschaftlerin und Sozialarbeiterin, Professorin für Methoden der Sozialen Arbeit und Sozialarbeitsforschung am Fachbereich Sozial- und Bildungswissenschaften der FH Potsdam University of Applied Sciences. Aktuelle Forschungsschwerpunkte: Aufarbeitung von (sexualisierter) Gewalt in Institutionen, institutionelle Schweigepraktiken, Antisemitismus an Schulen und Gedenkstätten, Wirkungen der Shoah in Erziehung und Bildung der Gegenwartsgesellschaft.

Dieses Buch ist erhältlich als:
ISBN 978-3-7799-7430-7 Print
ISBN 978-3-7799-7431-4 E-Book (PDF)

1. Auflage 2023

in der Verlagsgruppe Beltz · Weinheim Basel
Werderstraße 10, 69469 Weinheim

Herstellung und Satz: Ulrike Poppel
Druck und Bindung: Beltz Grafische Betriebe, Bad Langensalza
Beltz Grafische Betriebe ist ein klimaneutrales Unternehmen (ID 15985-2104-100)
Printed in Germany

Weitere Informationen zu unseren Autor:innen und Titeln finden Sie unter: www.beltz.de

Inhalt

„Hier ist zumindest der Eindruck, die Wahrnehmung der Beteiligten, wenn wir über jüdische Menschen schimpfen, dann können wir das sozusagen einfach machen, weil es gibt ja keine hier. Es widerspricht niemand." (Lehrer_in)

1 Ausgangslage

Antisemitische Vorfälle im Bildungswesen sind keine Einzelfälle. In Strukturen und Alltagspraktiken eingelassen, richten sie sich gegen jüdische Schüler_innen, Eltern und Lehrkräfte, können aber auch nicht-jüdische Personen adressieren, oder diskursiv wirken – etwa durch verbale antisemitische Andeutungen, Verwendung subtil-antisemitischer (Bild-)Sprache oder die unreflektierte Nutzung von Lehrmaterialien mit antisemitischen Darstellungen. Vor diesem Hintergrund befasst sich die in diesem Buch dargestellte Studie mit der Frage, wie Antisemitismus an Schulen der Gegenwartsgesellschaft in Erscheinung tritt und durch Lehrer_innen sowie Schulleitungen wahrgenommen, eingeordnet und bearbeitet wird. Die Studie fokussiert als Teil einer seit dem Jahr 2018 laufenden Bundesländerstudienreihe[1] auf Berlin.

Die Relevanz von Antisemitismus im Alltag Berliner Schulen ist nach den im Jahr 2017 bekannt gewordenen antisemitischen Übergriffen gegen einen Schüler in Berlin-Friedenau sowohl medial als auch in fachlichen Netzwerken verstärkt diskutiert worden. Durch die ersten Studien zu Antisemitismus im Bildungswesen (vgl. Zick et al. 2017, Bernstein et al. 2018, Chernivsky/Lorenz 2020), neuere Formen der Thematisierung von Antisemitismus durch Jüdinnen_Juden (vgl. Beiträge in Jalta – Positionen zur jüdischen Gegenwart) und nicht zuletzt auch in Folge der sich (weiter-)entwickelnden Melde- und Beratungsnetzwerke stehen die antisemitischen Verhältnisse in Bildungsinstitutionen stärker im Fokus von (fach-)politischen sowie pädagogischen Debatten als je zuvor. Die forschungsbasierte Fundierung von Gegenmaßnahmen hat mit dem Erscheinen der ersten schulbezogenen Studien begonnen. Gleichwohl ist die empirische und theoretische Basis noch unzureichend, insbesondere bezüglich der Perspektiven von Lehrer_innen, Schüler_innen und Familien mit Antisemitismuserfahrungen.

In diesem Buch geben wir zunächst theoretische Hinweise zu Antisemitismus in der Gegenwartsgesellschaft unter Berücksichtigung von Erkenntnissen, Leerstellen und Bedarfen im Bildungsbereich.[2] Ferner gehen wir Fragen nach Funk-

1 Weitere Teile der in einer Kooperation zwischen dem Kompetenzzentrum für Prävention und Empowerment und der Fachhochschule Potsdam durchgeführten Studienreihe untersuchen Antisemitismus an Schulen in Baden-Württemberg, Thüringen, Sachsen und Sachsen-Anhalt. Perspektivisch ermöglicht die Studienreihe damit neben länderspezifischen Befunden einen Vergleich zwischen verschiedenen ost- und westdeutschen Bundesländern.

2 Die einführenden Kapitel lehnen sich an die Studie „Von Antisemitismus betroffen sein" an, die 2022 ebenfalls im Beltz-Verlag erschienen ist.

tionen und Ausdrucksformen von Antisemitismus als gewaltförmiges (Sprach-) Handeln nach. Anschließend erläutern wir die Methodik der Studie und diskutieren die zentralen Befunde.

Den Ausführungen vorangestellt sei eine Anmerkung zum Begriff des antisemitischen ‚Vorfalls'. Dieser Terminus hat sich in der Diskussion der letzten Jahre etabliert und dient der Verdeutlichung antisemitischer Gewaltdynamiken und statistischen Erfassung der Persistenz, Qualität und des Ausmaßes antisemitischer Exzesse. In der vertieften Auseinandersetzung mit antisemitischen Strukturen im Bildungswesen suggeriert der Begriff jedoch eine vermeintliche Unregelmäßigkeit, oder auch Abgegrenztheit einzelner Vorfälle und vermag die wiederkehrende Systematik, Kontinuität und Struktur des Antisemitismus nicht ausreichend zu vermitteln. In diesem Buch verwenden wir daher alternativ die Begriffe der antisemitischen Situationen, Strukturen und Übergriffe.

2 Antisemitismus – eine Skizzierung

2.1 Aspekte

Antisemitismus beginnt nicht erst mit offenkundiger Gewalt, sondern bereits mit der stereotypisierenden Ansprache und Zuordnung von Identitäten, Absichten, Positionen, sozialen und politischen Verortungen. Jede Differenzierung führt zu einer Bewertung und Hierarchisierung, wenn Personen einer als ‚anders' oder ‚fremd' stereotypisierten Gruppe zugewiesen werden (vgl. Zick/Küpper/Hövermann 2011). Ähnlich wie Rassismus bedient sich auch Antisemitismus des Othering-Prinzips (vgl. Hall 1997). Allein schon die sprachliche Gegenüberstellung von ‚Deutschen und Juden' verweist auf den dadurch vermittelten Ausschluss von Jüdinnen_Juden aus Konstruktionen eines deutschen ‚Wir' (vgl. Schneider 2001; Enzenbach 2012; Scherr/Schäuble 2006). Diese Exklusion und Andersmachung von Jüdinnen_Juden äußert sich insbesondere in der Annahme ‚jüdischer Nichtpräsenz' (Chernivsky 2017) in hiesigen sozialen Instituten und Alltagskontexten wie der Schule, in der Zuschreibung einer ‚ganz anderen' beziehungsweise ‚fremden' Identität, in der Zuweisung von Rollen, Missachtung religiöser Praktiken oder auch einer erinnerungspolitischen Vereinnahmung jüdischer Geschichte(n) (vgl. Schäuble 2013; Messerschmidt 2015).

Den Kern des Antisemitismus bilden stabile Stereotypisierungen und Mythen, aber auch Beziehungsvorstellungen und soziale Verortungen, die zu unterschiedlichen Epochen die Form von Differenzachsen, Hassbildern, Ideologien und Gewaltstrukturen angenommen haben. Insofern steht die (Re-)Produktion des Antisemitismus mit seinen klassischen und neueren Ideologieformen für eine wiederkehrende Praxis sozialer Ein- und Ausschlüsse (vgl. Antisemitismusbericht 2017: 25).

Im Verhältnis zu anderen Unterdrückungsideologien weist Antisemitismus „generalisierbare" und „spezifische" Dimensionen auf. Die generalisierbare Dimension bezieht sich zunächst darauf, dass Antisemitismus als Vorurteil, Ressentiment, Ideologie mit anderen Vorurteilen, Ressentiments und Ideologien in einer generalisierbaren Art und Weise korrespondiert (vgl. Rensmann 2013: 165). Die spezifische Dimension des Antisemitismus begründet sich sowohl durch seine Entstehungs- und Wirkungsgeschichte als auch durch seine Funktion. Diese liegt in erster Linie in der Möglichkeit einer wirkungsmächtigen Projektion und „einer umfassenden Erklärung der modernen Welt und ihrer komplexen Prozesse" (vgl. ebd.).

Als dauerhafter Komplex von tradierten judenfeindlichen Vorstellungen kann Antisemitismus als Ressentiment, Verschwörung, oder Hass in Erscheinung treten. Die letzteren können grundsätzlich sowohl zur Alltagsdiskriminierung als auch zur politischen Mobilisierung und gar kollektiven und staatlichen Gewalt bis hin zur Vernichtung führen (vgl. Fein 1987: 67). Antisemitismus stelle in diesem Sinne auch einen kulturellen Code (vgl. Volkov 2000) dar, der als Weltbild und Weltanschauungsprinzip (vgl. u. a. Holz 2005) oder als negative Leitidee der Moderne (vgl. Salzborn 2010) in Verbindung mit völkischem Nationalismus dazu dient, das Unbehagen an der Demokratie abzuwehren und gesellschaftliche Krisen über antisemitische Konstruktionen zu erklären beziehungsweise Jüdinnen_Juden anzulasten (vgl. ebd.).

Tief in der europäischen Geschichte verankert stellt Antisemitismus eine Art Bekenntnis zu einer antiaufklärerischen, völkisch-nationalistischen, kolonialrassistischen und antidemokratischen Gesellschaftsform dar (vgl. Volkov 2000: 25). Die Topoi der „Übermacht“, der „Illoyalität“ oder der „Fremdartigkeit“ lassen sich aus dem Antijudaismus übertragen und verdichten sich unter Umständen zu einem geschlossenen (antimodernen) Weltbild (vgl. Rensmann 2013: 164). Dieses bietet sich an, die komplexen und abstrakten gesellschaftlichen Verhältnisse durch die antisemitischen Topoi zu entlarven. Damit wird zum Ausdruck gebracht, dass die ultimative Ursache aller sozialen, politischen, religiösen und kulturellen Probleme der Menschheitsgeschichte in der bloßen Existenz von Jüdinnen_Juden begründbar sei (vgl. Bergmann 2006). Das Verständnis von Antisemitismus als sozial hergestellte Konstruktion und projektive Fantasie ist deshalb mehr als grundlegend, da damit zum Ausdruck gebracht wird, dass Antisemitismus nichts mit dem ‚Objekt‘ beziehungsweise dem Verhalten von Jüdinnen_Juden zu tun hat und ausschließlich als Projektion *auf* alles Jüdische zu verstehen ist.

2.2 Dimensionen

Nach der vorchristlichen, antiken Judenfeindschaft gilt der christliche Antijudaismus als eine der ältesten Formen der Judenfeindschaft (vgl. Botsch 2014). Seit dem Mittelalter entwickelten sich weitere – soziale, kulturelle, politische und rassistische – Formen des Antisemitismus. Die verschiedenen Ideologieelemente verbanden sich in der politischen Radikalisierung und ‚rassischen‘ Pseudowissenschaft des Antisemitismus im 20. Jahrhundert bis hin zum Genozid an Jüdinnen und Juden in der Shoah.

Nach 1945 drückte sich Nachkriegsantisemitismus vor allem über den Umweg der Bagatellisierung und Trivialisierung des Verbrechens an Jüdinnen und Juden aus, über die Täter-Opfer-Umkehr oder den berüchtigten ‚Schlussstrich‘. Diese Dimension wird auch als sekundärer Antisemitismus oder noch viel treffender als Post-Shoah-Antisemitismus bezeichnet. Charakteristisch hierfür ist die Aggression gegenüber Jüdinnen_Juden sowie die Unterstellung, dass die öffentliche Auseinandersetzung mit dem Massenmord eine Diffamierung der deutschen Identität beziehungsweise Gemeinschaft zur Folge hat (vgl. Bermann 2006). Darin zeigt sich die zentrale Figuration des klassischen Antisemitismus im Sinne der Schuldzuweisung wie der Ermöglichung eines Abwehrverhältnisses zu Verfolgung und verübter Gewalt. Diese Position zeigt sich beispielsweise in dem Versuch, die „Geschichte dadurch abzuschließen, dass man die Opfer diskreditiert und sich selbst in eine Position sekundärer Unschuld versetzt" (Messerschmidt 2014: 67).

Mit einem gesteigerten Interesse am Nahostkonflikt kommt die Dimension des israelbezogenen Antisemitismus hinzu. Die Existenz des Staates Israel bildet ein hochfunktionales Entlastungsventil für die Artikulation antisemitischer Positionen. Dabei werden Täter- und Opferrollen so verkehrt, dass den Opfern die Mitschuld an ihrer eigenen Verfolgung angelastet und die kollektive Täter_innenschaft für den Nahostkonflikt zugewiesen wird (vgl. Chernivsky 2017). Auf diese Weise folgt der israelbezogene Antisemitismus den klassischen und sekundären Formen des Antisemitismus und greift Jüdinnen_Juden stellvertretend für den Staat Israel an. So wird die jüdische Gemeinschaft weltweit für die israelische Politik in Haftung genommen (vgl. Rensmann 2021). Diese Dimension des gegenwärtigen Antisemitismus zeigt sich vor allem in einer rigiden Parteinahme gegen den Staat Israel, der Dämonisierung und De-Legitimierung seiner Existenz oder auch in der Gleichsetzung des Staates Israel mit dem Nationalsozialismus (vgl. ebd.).

Über die fortschreitende Digitalisierung und die sozialen Netzwerke eröffneten sich zudem neue Kommunikationsmöglichkeiten und Entlastungsventile. Das Internet begünstigt die Verbreitung von Verschwörungsmythen; Hass wird schneller und ungehemmter geäußert. Die unpersönliche Verbreitung antisemitischer Botschaften in den sozialen Medien lenkt die Aufmerksamkeit von den politischen Extremen stärker auf die sogenannte Mitte und deutet damit die weite Verbreitung des Antisemitismus an (vgl. Schwarz-Friesel 2019). Ferner fungiert Antisemitismus als konstituierendes Element völkisch-nationalistischer, rechtsextremer und radikal-islamistischer Ideologien. Hier zeigt sich Antisemitismus unter anderem am Einsatz nationalsozialistischer Symbole, an der Shoah-Leugnung und am (mehr oder weniger offenen) Aufruf zur Gewalt gegen Jüdinnen_Juden. Aktuell zeigt sich Antisemitismus als ideologisches Verbindungselement der sogenannten Querdenker-Bewegung, die sich unter anderem bei Demonstrationen gegen die Corona-Politik gebildet hat (vgl. Rensmann 2021).

Trotz seiner Beständigkeit und Virulenz bleibt die Wahrnehmbarkeit des Antisemitismus in Deutschland weitgehend eingeschränkt. Die historisch tradierte De-Thematisierung antisemitischer Realitäten und die Position der historischen sowie auch der Vergegenwärtigungsabwehr (vgl. Ranc 2016: 63) haben eine tiefergehende Auseinandersetzung mit der Entstehung und (Weiter-)Wirkung antisemitischer Strukturen und Ideologien verhindert. Mit deren Zurückdrängen aus dem politischen und öffentlichen Raum und der zunehmenden Erinnerungsarbeit ist offensichtlich der Anschein erweckt worden, dass die Gesellschaftsfähigkeit von Antisemitismus an Relevanz verloren habe (vgl. Bergmann 2006). Indes hat es nach 1945 in beiden deutschen Staaten antisemitische Auffassungen, Diskurse, Angriffe und gar tödliche Anschläge gegeben (vgl. Steinke 2020).

2.3 Definitionen

Antisemitismus ist ein Phänomen, mit dem sich diverse Forschungsrichtungen und Disziplinen beschäftigen und unterschiedliche, zum Teil divergierende Definitionen hervorbringen (siehe u. a. Fein 1987; Benz 2004; Salzborn 2010). Je nach Disziplin wird Antisemitismus in seiner Geschichte, in seinen Ursachen und Funktionen, in seiner Logik und Struktur unterschiedlich analysiert und bewertet. Selbst innerhalb der hiesigen Disziplinen wie Gesellschafts- und Geschichtswissenschaften, Soziologie, Politikwissenschaften oder Psychoanalyse gibt es markante Differenzen sowohl in der Rezeption und Einordnung von Antisemitismus als auch in den theoretischen Rahmensetzungen oder empirischen Forschungsmethoden. Auch im Kontext der politischen und pädagogischen Arbeit gibt es eine Bandbreite an unterschiedlichen Zugängen und Begriffsbestimmungen. Nicht zuletzt steht der Begriff Antisemitismus selbst im Fokus der wissenschaftlichen und politischen Diskussion – so zum Beispiel die viel debattierte Frage nach der Abgrenzung des Antisemitismus vom Antizionismus (vgl. u. a. Rensmann 2021).

Eine allumfassende wissenschaftliche Definition von Antisemitismus gibt folglich nicht. Ein politisch relevanter Konsens wurde im letzten Jahrzehnt mit der Arbeitsdefinition von Antisemitismus der *International Holocaust Remembrance Alliance* (IHRA)[3] postuliert. Jede theoretische Definition spiegelt den historischen Kontext ihrer Entstehung wider. So gesehen verleiht die historische Entwicklungsgeschichte und die konkrete gesellschaftliche Praxis dem Komplex Antisemitismus seine (soziale) Bedeutung und Wirkungskraft. Antisemitismus entfaltet sich buchstäblich aus der jeweiligen Gesellschaft heraus, die ihn hervorbringt und den Stand ebenjener Gesellschaft abbildet (vgl. Goldenbogen/Kleinmann 2021: 11).

---

3 Die Arbeitsdefinition der IHRA umfasst neben dem oben genannten, kurzen definitorischen Absatz auch etliche Beispiele, die insbesondere für die Justiz und Polizei eine wichtige Basis darstellen, um Antisemitismus zu erkennen bzw. einzuordnen. Die Arbeitsdefinition ist nachlesbar in diesem online verfügbaren PDF der AJC (Global Jewish Advocacy): https://www.ohchr.org/Documents/Issues/Religion/Submissions/JBI-Annex1.pdf (zuletzt aufgerufen am 23.01.2022).

Die gewaltförmigen rassistischen und antisemitischen Entwicklungen in den „turbulenten 1990er und 2000er Jahren" (Porat 2020: 41) machen deutlich, dass es einer Arbeitsdefinition bedarf, die einen Minimalkonsens ermöglicht. Erst Anfang der 2000er Jahre kam es in Folge der Zweiten Intifada zu einer verstärkten wissenschaftlichen und gesellschaftlichen Auseinandersetzung, hier vor allem mit dem Phänomen eines ‚neuen' (israelbezogenen) Antisemitismus (vgl. Rabinovici et al. 2004). Damals wie heute besteht eine gewisse Uneinigkeit in Bezug auf den Begriff und die Grenze zwischen politischer Kritik an Israel und antisemitischem Ressentiment. Bemerkenswert ist der Umstand, dass Antisemitismus (mit einer Ausnahme) zwischen 1945 und 1993 in keiner internationalen Vereinbarung erwähnt wurde und auch in den Konventionen der EU oder UN nur selten Beachtung fand (vgl. Porat 2020: 40–41). Die vage Bezugnahme auf Menschenrechte oder Gleichberechtigung hat nicht ausgereicht, um Antisemitismus als spezifisches Macht- und Gewaltverhältnis explizit zu problematisieren und notwendige wie auch spezifische Handlungspläne abzuleiten. Die kollektive Abwehr des gesellschaftlichen Schuldzusammenhangs und des Verbrechens sowie die Distanzeinnahme gegenüber den Verfolgten und ihren Nachkommen haben die Perpetuierung dieser Leerstellen begünstigt.[4]

Genau in diesem Zeitraum und vor dem Hintergrund einer deutlichen Zunahme antisemitischer Vorfälle entstand 2005 die erste Arbeitsdefinition der EUMC[5], die einige Jahre später von der IHRA[6] übernommen wurde. Sie wurde als Ergebnis einer Zusammenarbeit mit jüdischen Organisationen, einer Gruppe von Sachverständigen aus der Antisemitismusforschung und der Organisation für Sicherheit und Zusammenarbeit in Europa (OSZE) als Instrument für die Erhebung von verlässlichen und vergleichbaren Daten zu antisemitischen Straftaten formuliert.[7]

2016 verabschiedeten die IHRA-Mitgliedstaaten die Arbeitsdefinition im Rahmen ihrer Plenarversammlung in Bukarest, vorbehaltlich eines nicht binden-

4 Dies kann auch dadurch erklärt werden, dass die sozialwissenschaftliche Antisemitismusforschung im deutschsprachigen Raum überwiegend Gegenstand der historischen und sozialpsychologischen (Vorurteils-)Forschung war – und seltener Gegenstand gesellschaftstheoretischer Analyse. Erst in den 1980er Jahren ist an die sozialkritischen Analysen u. a. der Frankfurter Schule angeknüpft worden. Es entwickelten sich allmählich gesellschaftstheoretische Perspektiven auf Antisemitismus (vgl. Postone 1982; Bergmann/Erb 1986; Holz 2000; Salzborn 2010) und es kam zunehmend zur Etablierung intersektionaler Analysen zu Antisemitismus in postnationalsozialistischen und nunmehr auch postkolonialen Verhältnissen (u. a. Messerschmidt 2018; Stögner 2017).

5 European Monitoring Centre on Racism and Xenophobia (EUMC).

6 Mehr zu der Working-Definition bzw. Arbeitsdefinition Antisemitismus: www.holocaustremembrance.com./

7 Mehr zu der Geschichte und Anwendung der IHRA-Definition_ https_//report-antisemitism.de/documents/IHRADefinition_Handbook.pdf

den Charakters des Beschlusses.[8] Entlang der von der IHRA leicht angepassten Arbeitsdefinition gilt Antisemitismus als „eine bestimmte Wahrnehmung von Juden, die im Hass gegen Juden Ausdruck finden kann. Antisemitismus richtet sich in Wort oder Tat gegen jüdische oder nicht-jüdische Einzelpersonen und/oder deren Eigentum, sowie gegen jüdische Gemeindeinstitutionen oder religiöse Einrichtungen. Darüber hinaus kann auch der Staat Israel, der dabei als jüdisches Kollektiv verstanden wird, Ziel solcher Angriffe sein".[9] Neben dieser Kerndefinition gibt es einen erläuternden Text und eine Reihe von erklärenden Beispielen, die bis heute kontrovers diskutiert werden (Randall/Imbeck 2020: 5). Damit umfasst die besagte Arbeitsdefinition den Antisemitismus in dreierlei Hinsicht: Sie bezeichnet ihn *erstens* als „eine bestimmte Form der Wahrnehmung von Jüdinnen_Juden", sie geht *zweitens* zu der Handlungsebene „in Wort und Tat" über und rückt *drittens* die Betroffenen von Antisemitismus in den Fokus (vgl. Kinzel/Poensgen 2021).[10]

Die IHRA-Definition ist inzwischen international politisch anerkannt. Gleichzeitig soll sie als praxisnahes Arbeitsinstrument keinen Anspruch auf eine theoretische oder wissenschaftliche Ausrichtung erheben. Der Annahmebeschluss des Bundeskabinetts im September 2017 erfolgte in Form einer nicht bindenden „politischen Indossierung" (Randall/Imbeck 2020: 23) mit einer Empfehlung, diese Definition insbesondere in der schulischen Bildung, in der Erwachsenenbildung und in der Ausbildung von Justiz- und Verwaltungspersonal zu verwenden.[11]

Der Bezug zu israelbezogenem Antisemitismus und der recht offene Charakter der Arbeitsdefinition bieten bis heute eine Angriffsfläche für Kritik. Es gibt auch andere kritikwürdige Stellen, so beispielsweise den Begriff der Wahrnehmung und den engen Bezug zu Jüdinnen_Juden bei der Beschreibung der gegen

8 Es sei darauf hingewiesen, dass die Arbeitsdefinition von Antisemitismus nicht die erste Definition ist, die von der IHRA angenommen wurde. Am 10. Oktober 2013 hat die IHRA die Arbeitsdefinition zur Leugnung und Verfälschung/Verharmlosung des Holocaust angenommen. Eine weitere Definition, die Roma-Feindlichkeit oder Antiziganismus beschreibt, wurde am 8. Oktober 2020 angenommen.

9 Die Working-Definition der IHRA umfasst neben dem oben genannten, kurzen definitorischen Absatz auch etliche Beispiele, die insbesondere für die Justiz und Polizei eine wichtige Basis darstellen, um Antisemitismus einzuordnen. Die Arbeitsdefinition ist nachlesbar in dieser online verfügbaren PDF der AJC (Global Jewish Advocacy): www.ohchr.org/Documents/Issues/Religion/Submissions/JBI-Annex1.pdf. (zuletzt aufgerufen am 04.12.2022).

10 Abrufbar unter: www.anders-denken.info/orientieren/wie-lässt-sich-antisemitismus-erkennen-chancen-und-grenzen-der-ihra-arbeitsdefinition (zuletzt aufgerufen am 04.12.2022).

11 Mehr dazu u. a. in der Juristischen Analyse der von der IHRA angenommenen Arbeitsdefinition von Antisemitismus. Rechtsgutachten, erstellt im Auftrag der Fachstelle Rassismusbekämpfung des Eidgenössischen Departments des Inneren durch Maya Hertig Randall und Catherine Imbeck (Juristische Fakultät Universität Genf).

sie gerichteten Gewalt. Deshalb sollte hier darauf hingewiesen werden, dass nicht die Wahrnehmung *von* Jüdinnen_Juden gemeint ist, sondern eine, die *auf* Jüdinnen_Juden projektiv übertragen wird. Ferner lässt sich der Aspekt der „bestimmten Wahrnehmung von Juden, die sich als Hass gegen Juden ausdrücken kann" auch dahingehend ergänzen, dass Antisemitismus nicht primär als personalisierte Wahrnehmung verstanden werden sollte, sondern sich in den sozialen Praktiken, Strukturen und Narrativen vollzieht und systemisch in allen gesellschaftlichen und institutionellen Sphären, auch jenseits der explizit ausgeübten Gewalt und Diskriminierung, verankert ist. Diese Ergänzungen sind mitunter wichtig, um einer Korrespondenzannahme vorzubeugen, die Antisemitismus mit dem Wesen oder dem Verhalten von Jüdinnen_Juden in Verbindung bringt (vgl. Randall/Imbeck 2020: 34). An den gewählten Beispielen in der Arbeitsdefinition wird jedoch der Begriff der Wahrnehmung deutlicher, da dort von „Vorwürfen", „Behauptungen", „Unterstellungen" gesprochen wird und nicht vom „jüdischen" Verhalten (vgl. ebd.).

Der Zweite Unabhängige Expertenkreis Antisemitismus (UEA), der im Auftrag des Deutschen Bundestags nach nahezu dreijähriger Arbeit im Jahr 2017 einen umfassenden Bericht über aktuelle Entwicklungen des Antisemitismus in Deutschland vorgelegt hat, bietet neben der Würdigung der Arbeitsdefinition der IHRA weitere Möglichkeiten der Begriffsbestimmung, wonach Antisemitismus zu verstehen sei als die *„Sammelbezeichnung für alle Einstellungen und Verhaltensweisen, die den als Juden wahrgenommenen Einzelpersonen, Gruppen oder Institutionen aufgrund dieser Zugehörigkeit negative Eigenschaften unterstellt"* (Antisemitismusbericht 2017: 24). Diese Begriffsannäherung[12] beschränkt sich jedoch, kritisch betrachtet, auf den Aspekt der *„Feindschaft gegen Juden als Juden"* und überschreibt die Übertragung antisemitischer Zuordnungen sowie Hassbeziehungen auf den Staat Israel als Projektionsfläche. Als historisch gewachsenes und gesellschaftlich tradiertes Ressentiment ist Antisemitismus jedoch in Form eines kollektiv geteilten (antisemitischen) Wissens auf allen Ebenen der gesellschaftlichen Organisation machtwirksam. Antisemitismus umfasst daher sowohl Formen der Alltagsdiskriminierung als auch Gewalt gegen Jüdinnen_Juden, jüdische Einrichtungen wie auch gegen den jüdischen Staat (vgl. Fein 1987: 67).

12 Mehr zu „Feindschaft gegen Juden als Juden" bei Klug, Brian (2004): The collective Jew. Israel and the new Antisemitism. In: von Braun, Christina/Ziege, Eva Maria (Hrsg.): Das ‚bewegliche' Vorurteil. Aspekte des internationalen Antisemitismus. Würzburg, S. 221–239, hier: S. 224.

2.4 Forschungsstand

Repräsentative Umfragen belegen eine Stabilität antisemitischer Einstellungen in der Bevölkerung, wobei die Zustimmung zu offener (klassischer) Judenfeindschaft geringer ist als zu ihren modernisierten Varianten, die Antisemitismus über den Umweg der Shoah oder über Israel und den Nahost-Konflikt kommunizieren (vgl. u. a. Zick/Küpper/Krause 2016; Antisemitismusbericht 2017; Decker et al. 2020). Verfassungsschutz und Polizei dokumentieren einen Anstieg antisemitischer Straf- und Gewalttaten.[13] Diese bilden jedoch nur die offen erkennbare Spitze eines Eisbergs; knapp unter der Wasseroberfläche verbergen sich tradierte antisemitische Überzeugungen, Mythen über jüdische Weltverschwörung, (medial) (re-)produzierte antisemitische Bilder und diskriminierende (institutionelle) Praktiken (vgl. RIAS Jahresbericht 2021).

Der Bericht des Unabhängigen Expertenkreis Antisemitismus (2017) liefert eine detaillierte Bestandsaufnahme zu Entwicklung und Dynamiken des gegenwärtigen Antisemitismus in Deutschland. Sowohl in der berichtsbezogenen Erhebung jüdischer Perspektiven auf Antisemitismus (vgl. Zick et al. 2017) als auch in der darauffolgenden, großangelegten FRA-Studie (2018) wird deutlich, dass dem Ort Schule sowie den sozialen Medien eine zentrale Rolle in Bezug auf das Erleben von Antisemitismus zukommt. Die allgemeinen Befunde dieser Erhebungen wurden in den letzten Jahren um gezielte schulbezogene Analysen erweitert (vgl. Bernstein 2018 et al.; Salzborn/Kurth 2019; Chernivsky/Lorenz/Schweitzer 2020; siehe zuvor auch Stender/Follert/Özdogan 2010).

Studien zufolge wird die Relevanz und das Ausmaß antisemitischer Bedrohung im Bildungswesen weitgehend unterschätzt und nicht ausreichend abgebildet – eine Traditionslinie, die in diversen Bestandsaufnahmen und Praxisberichten aus dem Bildungs- und Beratungsbereich seit Langem ergründet wird.[14]

Grundsätzlich verweisen die bisherigen Studien, Gutachten und Berichte auf die Bedarfe an weiteren empirisch fundierten, vertieften Analysen von Antisemitismus in pädagogischen Kontexten. Vor dem Hintergrund der Forschungsdesiderate hat das Kompetenzzentrum in Kooperation mit der Fachhochschule Potsdam erste Studien zu Antisemitismus im Kontext Schule 2017 durchgeführt und auf dieser Grundlage eine Bundesländerstudie entwickelt. Die hier diskutierte

---

13 https://report-antisemitism.de/documents/Antisemitische_Vorfaelle_in_Deutschland_Jahresbericht_RIAS_Bund_2021.pdf (zuletzt aufgerufen am 26.03.2023)

14 Hierzu u. a. Jahresberichte des Bundesverbandes RIAS; Beratungsstatistiken der Beratungsstelle RIAS; jährliche Lagebild-Ausgaben der Amadeu Antonio-Stiftung; Tagungsbände und Handreichungen des Kompetenzzentrums für Prävention und Empowerment.

Studie untersucht Perspektiven, Deutungen und Praktiken von Lehrer_innen und Schulleitungen im Hinblick auf Antisemitismus an Berliner Schulen.[15]

2.5 Kontext Schule

Trotz ihrer Gegenwärtigkeit sind Rezeption und Deutung antisemitischer Dispositionen an Schulen maßgeblich historisch dominiert. Dies hängt unter anderem damit zusammen, dass Antisemitismus als Vorurteil und Ideologie überwiegend im geschichtlichen Kontext vermittelt wird (vgl. Kuchler 2013: 171). Dabei bildet der Nationalsozialismus einen Lerngegenstand, mit dem explizite moralische Zielstellungen verbunden werden (vgl. Gryglewski 2018). Bis heute ist die Vorstellung wirkmächtig, das Lernen über den Nationalsozialismus und die Shoah könne zwangsläufig gegen Antisemitismus immunisieren (vgl. Kistenmacher 2017). Im Hinblick auf die Prävention von Antisemitismus erweist sich diese Verknüpfung als problematisch, da die Auseinandersetzung mit ebenjenem nicht selten von widersprüchlichen Verteidigungserzählungen, unbehaglichen Emotionen sowie tradierten Schweigepraktiken begleitet wird (vgl. Chernivsky 2017; Lorenz et al. 2021).

Viele nicht-jüdische Schüler_innen in Deutschland kommen erstmals indirekt mit Jüdinnen_Juden in Berührung, wenn sie im Rahmen des schulischen Unterrichts über den Genozid an Juden_Jüdinnen lernen. Dabei erscheinen Jüdinnen_Juden oft als passive Opfer und werden assoziativ und thematisch mit dem Nationalsozialismus und dem Zweiten Weltkrieg in Verbindung gebracht. Eine mögliche Involviertheit von eigenen Familien und (Ur-)Großeltern wird emotional und lebensgeschichtlich abgespalten, auch wenn sie implizit eine diffuse Bedeutung entfalten und Nachkommen mit (ihrer) Geschichte verbinden kann. Die von den Jugendlichen erwartete Betroffenheit und Empathie für die Opfer der Shoah kann dabei nicht nur ausbleiben, sondern durch diffuse Aversionen und reaktive Abwehrimpulse ins Gegenteil verkehrt werden. „Oft entsteht hierbei eine Mischung aus Fokussierung auf die Opfer mit einem gleichzeitig unreflektierten Täter:innenblick" (Gryglewski 2018: 103).

Auch in der Bildungsarbeit gegen Gegenwartsantisemitismus wird oftmals auf primär-historische Bezüge gesetzt. Zwecks Aufklärung werden Gedenkstättenfahrten organisiert und Überlebende der Shoah eingeladen. Die Delegation der Bildungsarbeit gegen Antisemitismus an Gedenkstätten wird innerhalb der Gedenkstättenpädagogik kritisiert (vgl. Chernivsky/Lorenz-Sinai 2022). Der Gedanke, dass Antisemitismus sich nicht ‚nur' durch den Bezug zum Nationalsozi-

15 Die Berichte zu den abgeschlossenen Studien sind auf der Website des Kompetenzzentrums zugänglich: https://zwst-kompetenzzentrum.de/abgeschlossene-studien.

alismus erklären lässt, gerät dabei nicht selten aus dem Blick (vgl. Schäuble 2017). Ebenso stößt der Zugang über die Dekonstruktion von Vorurteilen an Grenzen, da das antisemitische Ressentiment eine Projektion darstellt, die durch rationale, faktische Aufklärung nicht überwunden werden kann (vgl. Pohl 2010: 41; Adorno 1969). Die damit einhergehenden Imaginationen und Vorstellungen von Jüdinnen_Juden bleiben dadurch oftmals pädagogisch gänzlich unberührt (vgl. Chernivsky 2019).

Ferner stellt der Umgang mit Antisemitismus im Kontext des Nahostkonflikts eine große Herausforderung dar. Lehrkräfte sind dabei mit diversen Positionen konfrontiert und eignen sich das Wissen über einen fernen, komplexen und politisierten Konflikt oftmals an, ohne darin unterstützt zu werden, die eigene Rolle in der Rezeption und Deutung dieser Dynamiken zu reflektieren (vgl. Bernstein 2021). Dabei kann ein Zwang zur Positionierung empfunden werden, sich für die eine oder andere Seite entscheiden zu müssen. Potenziell wird dabei übersehen, dass es sich um die Rezeption eines Konflikts handelt, der in einer Post-Shoah-Gesellschaft zur Projektionsfläche einer fortwährenden Täter-Opfer-Umkehr werden und in einem Entlastungsantisemitismus münden kann (vgl. Rensmann 2013; Kistenmacher 2017; Messerschmidt 2018).

Darüber hinaus ist die Bedeutung von Emotionen im Lernen über den gegenwärtigen Antisemitismus wenig untersucht. So können faktisch-kognitive und objektivierende Ansätze dazu führen, dass Affekte und Reaktionen – wie etwa Aversion, Scham, Angst, Wut – sowohl auf Seiten der Lehrenden als auch der Lernenden übersehen und aus dem Blick geraten (vgl. Bar-On 2006; Chernivsky 2017). Zugleich ist der Unterricht über die Shoah an Schulen seitens vieler Lehrer_innen von vorgeprägten Emotionserwartungen an Schüler_innen geprägt: Der Unterricht soll dazu beitragen, die ‚richtigen' Einstellungen auf der Basis der evozierten Gefühle zu entwickeln. Schüler_innen emotional zu berühren gilt dabei als Kriterium für die gelungene Vermittlung des Nationalsozialismus, der Shoah und so auch des Antisemitismus (vgl. Lorenz et al. 2020; Brauer 2019).

Da die Beschäftigung mit der Shoah und historischem Antisemitismus potenziell in eine das eigene (nationale) Selbstbild infrage stellenden Auseinandersetzung münden kann, wird sie häufig als Zumutung erlebt und explizit wie auch implizit zurückgewiesen. Die Verwobenheit mit antisemitischen Ressentiments und die Reproduktion antisemitischer Logiken treten zudem nicht nur bei Jugendlichen auf, sondern auch bei Erwachsenen – so auch bei Lehrkräften und Schulleitungen. Diese sehen sich überwiegend als anti-antisemitisch eingestellt und teilen die moralische Verurteilung der Shoah (vgl. Radvan 2010; Schäuble 2017). Gleichzeitig sind aber auch sie nicht grundsätzlich frei von antisemitischen Versatzstücken und gar von expliziten antisemitischen Überzeugungen. Vor dem Hintergrund der hier skizzierten Herausforderungen und den fehlenden institutionell verankerten Konzepten zum Umgang mit Antisemitismus an Schulen ist zu fragen, ob und inwieweit die Reaktionen und Interventionen von

Lehrkräften tragfähig und wirksam sind (Bernstein 2018 et al.; Chernivsky 2019; Salzborn/Kurth 2019).

Der Umgang mit Antisemitismus an Schulen in der deutschen Gegenwartsgesellschaft weist zusammengefasst einige Traditionslinien auf, die wir hier knapp skizzieren (vgl. ausführlich dazu Chernivsky 2019).

Historisierung: Antisemitismus wird überwiegend als etwas Historisches und somit Vergangenes verhandelt, was im gegenwärtigen schulischen Alltag keine große Relevanz hat. Die eigenbiografische und emotionale Aufladung spielt hier eine wichtige Rolle: Das Konstatieren antisemitischer Haltungen kann zum Beispiel als beschämend und bedrückend erlebt werden, was dazu führt, dass aktuelle Übergriffe nicht erkannt, sondern negiert oder relativiert werden mit dem Argument, dass andere Diskriminierungsformen an der Schule relevanter seien oder Schüler_innen lediglich pubertätsbedingt provozieren wollten (vgl. Schäuble 2017).

Distanzierung: Der Antisemitismus entwickelte nicht trotz, sondern wegen seiner öffentlichen Unterdrückung nach 1945 eine ungeheure Kraft (siehe hierzu: Adorno 1969; 1971), die den Umgang mit ihm bis heute reguliert. Die mit der Tabuisierung einhergehenden (emotionalen) Aufladungen verunmöglichen noch immer eine direkte Thematisierung von Antisemitismus in Bildungssettings. Stattdessen ist der Umgang mit Antisemitismus von diversen Distanzierungswünschen und von Abwehrpraktiken geprägt (vgl. Messerschmidt 2014). Hinweise auf Antisemitismus werden von Nicht-Betroffenen oft als unangenehm oder unpassend erlebt, sie widersprechen dem historischen Imperativ einer erfolgreich überwundenen Geschichte und stellen ein positives Selbstbild infrage (vgl. ebd.). Es entsteht mitunter ein Unbehagen, das durch Distanzierung von jeglichem Antisemitismus kompensiert wird (vgl. Chernivsky 2017).

Perspektivendivergenz: Das Erleben von Antisemitismus aus der Sicht von Jüdinnen_Juden stand bis vor Kurzem nicht im Blickfeld der Antisemitismusforschung (vgl. Antisemitismusbericht 2017). Mit dem Begriff der Divergenz wird versucht, die tiefe Kluft zwischen der Wahrnehmung und Einschätzung von Antisemitismus seitens der Betroffenen und der nicht Betroffenen zu beschreiben. Bis zum Erscheinen erster Studien, die explizit nach jüdischen Perspektiven fragen, fehlte es nicht nur an empirischer Erforschung von Antisemitismus aus der Sicht von Jüdinnen_Juden, sondern auch an der Einsicht in die Effekte antisemitischer Gewalt und Diskriminierung. Auf diese Weise sind die Realitäten, Perspektiven und Bedarfe von jüdischen Communities lange unhörbar gewesen (mehr dazu Chernivsky/Lorenz-Sinai 2022a).

Objektifizierung: Das Denken und Sprechen über Jüdinnen_Juden zeichnet sich durch überindividuelle und objektivierende Dynamiken aus.[16] Dabei geht es um die Behandlung von Jüdinnen_Juden als Objekte der Bedürfnisse einer nicht-jüdischen Mehrheitsgesellschaft. Erkennbar wird dies in Erinnerungsritualen, im öffentlichen Sprechen, in der Rezeption, Verhandlung oder Darstellung von Juden_Jüdinnen und ihrer Gegenwartsbiografien; zudem in der Unfähigkeit, die selbstverständliche Präsenz, Heterogenität und Selbstbestimmtheit von Jüdinnen_Juden als Einzelne und Gemeinschaft zu verinnerlichen und anzuerkennen. Auch die Schwierigkeit, gegenwartsbezogene Belange der jüdischen Gemeinschaft bei der gleichzeitigen Kultivierung der Erinnerung zu verstehen und gelten zu lassen, zeugt von dem Bedürfnis, Jüdinnen_Juden als historische Objekte zu imaginieren. Die historische Tradierung der Entwürdigung und Entmenschlichung von jüdischen Minderheiten in Nationalstaaten spielen hier eine zentrale Rolle.

16 Der Begriff Objektifizierung wird im Kontext der Geschlechterdiskriminierung von Pierre Bourdieu (1997) verwendet. Siehe hierzu: Eine sanfte Gewalt. Pierre Bourdieu im Gespräch mit Irene Dölling und Margareta Steinrücke. In: Dölling, Irene/Steinrücke, Margareta: Ein alltägliches Spiel. Geschlechterkonstruktion in der sozialen Praxis. Frankfurt am Main, 1997, S. 229.

3 Antisemitismus als gewaltförmige Struktur

3.1 Gewaltbegriff

Im Diskurs um Antisemitismus an Schulen in Deutschland dominiert die Rede von antisemitischen ‚Vorfällen', während der Gewaltbegriff in den Debatten um Antisemitismus nur vereinzelt Anwendung findet. Dies ist darauf zurückzuführen, dass Antisemitismus vor allem historisch, aber auch als ‚Einstellung ohne Wirkung' (Chernivsky 2020: 19) und weniger als Gewaltpraxis im Alltag von Bildungsinstitutionen verstanden wird. Gründe dafür sind zum einen ein enger Gewaltbegriff, bei dem vor allem die physische Gewalt im Fokus steht, sowie ein hoher, durch die Shoah begründeter Maßstab dafür, wo Antisemitismus beginnt. Die Befunde der hier diskutierten Studie legen jedoch eine andere Lesart von Antisemitismus nahe, die sich an der prozessualen Gewaltforschung orientiert.

Sozialwissenschaftlich ist der Gewaltbegriff umstritten und es gibt kein einheitliches Verständnis von Gewalt. Weitere Schwierigkeiten bestehen darin, dass die Erklärungsversuche der Gewaltpraxen eher vereindeutigend sind, sich vorwiegend auf Funktionszuschreibungen beziehen (vgl. Knöbl 2015: 21f.) und über Gewaltskandalisierungen in Ordnungsdiskursen als herrschaftsstabilisierende politische Strategie ohne ausreichenden systemischen Bezug gedeutet werden (vgl. Peters 2016: 114). Aufgrund der Vagheit des Gewaltbegriffs bei gleichzeitiger alltagssprachlicher Verbreitung (vgl. van Riel 2005) ist eine Konkretisierung des Begriffs für den Untersuchungsgegenstand erforderlich. Von Bedeutung für die Konstellationen im Setting Schule sind insbesondere sozialwissenschaftliche Hinweise zur kontextuellen, historisch-spezifischen Gebundenheit von Gewaltwahrnehmungen und der nach Alter, Geschlecht und sozialem Status abgestuften Definitionsmacht über Gewalt (vgl. Brückner 2001). Diese Definitionsmacht über die Deutung von Situationen als Gewalt oder Nicht-Gewalt drückt sich in routinierten institutionellen Praktiken im Umgang mit Übergriffen und Grenzüberschreitungen aus. Gewalt ist nicht gegenständlich und wird von allen Beteiligten gleichermaßen als solche definiert, sondern thematisierte Gewaltereignisse wie antisemitische Übergriffe unterliegen der Aushandlung und werden in sozialen Prozessen mit Bedeutungen versehen (vgl. Nef/Lorenz-Sinai 2022). Thematisierungen, Einordnungen sowie Umdeutungen und Relativierungen von antisemitischer Gewalt an Schulen können Teil solcher Aushandlungsprozesse sein, in denen sich spezifische Deutungen des Gewaltgeschehens institutionell durchsetzen.

Ein solcher konstruktivistischer und prozessualer Gewaltbegriff konkretisiert sich in der Forschung dahingehend, dass der methodologische Zugang und die theoretischen Annahmen der Forschenden darauf wirken, welche Situationen überhaupt als Gewalt bestimmt werden und welche Elemente aus diesen Situationen dann in den analytischen Fokus rücken (vgl. Equit/Schmidt 2016: 53). Dabei haben qualitativ Forschende in der empirischen Rekonstruktion von Gewaltsituationen verschiedene Möglichkeiten, wie etwa die Festlegung einer Gewaltdefinition im Vorfeld und die Suche nach entsprechenden Merkmalen im Material; die Rekonstruktion von Gewaltsituationen in Orientierung an den Definitionen der an der Forschung beteiligten Personen; oder die Option, die Frage nach dem Gehalt des Gewaltbegriffs im Untersuchungskontext explizit zum Gegenstand der Analyse zu machen. Letzteres erfolgt in der vorliegenden Studie unter Nutzung sensibilisierender theoretischer Konzepte, deren Bedeutung es in Bezug auf den Handlungskontext zu spezifizieren gilt (ebd.: 55f.).

3.2 Antisemitismus, Sprache und Gewalt

Antisemitische (Sprach-)Handlungen verursachen subjektives Leid und sind zugleich Ausdruck der Erzeugung und Stabilisierung einer historisch tradierten Gewaltordnung (vgl. van Riel 2005). Analog zu anderen Gewaltphänomenen in Institutionen lässt sich Antisemitismus an Schulen als ein Kontinuum verstehen, in dem verschiedene (individuelle, strukturelle, direkte, verbale wie physische und psychische) Formen der Gewalt ineinander übergehen und sich miteinander verschränken.

Die durch nicht-jüdische Lehrer_innen als antisemitisch eingeordneten Situationen an Schulen betreffen nur vereinzelt unmittelbare körperliche Gewalt. In den meisten Schilderungen sind Sprache und Kommunikation betroffen (online wie offline): antisemitische Äußerungen unter Schüler_innen, antisemitische Bilder und Sprache im Unterricht, auf dem Schulhof und im digitalen Kommunikationsraum. Zugleich geht es um das Ausbleiben von Sprache, um fehlende Intervention seitens der Lehrkräfte, um Kommentierung durch Mitschüler_innen und wahrgenommene ‚Passivität' von Kolleg_innen. Daher interessiert besonders, welche Formen antisemitisch konnotierter Sprache als gewaltförmig zu bewerten sind und in welcher Weise verbaler Antisemitismus auf die Adressierten gewaltsam wirkt. Zur Rahmung des Gewaltbegriffs im Kontext antisemitischer Sprachgewalt an Schulen beziehen wir uns auf Spielräume sprachlicher Verletzlichkeit und Formen subtiler Gewalt durch und in Sprache (vgl. Liebsch 2007). Relevant ist hier ebenfalls die Reflexion über Entstehung und Tradierung des Antisemitismus im schulischen Kontext.

Aus der 2012 durchgeführten Studie von Monika Schwarz-Friesel und Jehuda Reinharz geht hervor, dass die Manifestationsformen von direktem und indirektem Verbal-Antisemitismus uralte Stereotype und Verschwörungserzählungen beinhalten, insbesondere im Kontext israelbezogener Rhetorik. Verbale Gewalt und Antisemitismus verbindet aus kulturhistorischer Perspektive eine lange Symbiose. Sprachlich kodierter Hass wurzelt in religiös-begründeten Differenzkonstruktionen und Diffamierungsrhetoriken – aus rein theologischen Interpretationen entwickelte sich ein allumfassendes Weltdeutungssystem (Schwarz-Friesel/Reinharz 2013: 47). Tabuisierung und Sanktionierung antisemitischer Sprache sind zwar wichtig, verstärken jedoch mitunter die indirekte antisemitische Kommunikation. Diese Studie zeigt deutlich, wie Jüdinnen_Juden in und durch Sprache ausgegrenzt und beleidigt und schließlich immer noch bedroht werden (vgl. ebd.).

Antisemitische Ressentiments schaffen Positionen, regulieren Machtverhältnisse und prägen Identitäten Einzelner und ganzer Gruppen. Die adressierten Personen haben nicht die Wahl, sich der gegen sie gerichteten, verbalen Gewalt zu entziehen. Sie sind gezwungen, sich den sprachlichen Grenzüberschreitungen zu widersetzen. Darin liegt bereits die erste Asymmetrie, die auf Menschen macht- und gewaltvoll wirkt: die Macht einzelner antisemitischer Narrationen, die Dominanz geteilter Einstellungen über Jüdinnen_Juden sowie ihre Artikulation in und durch Sprache sowohl im interpersonellen als auch im diskursiven Kommunikationsbereich. Auf diese Weise sind Jüdinnen_Juden einer kontinuierlichen, sich wiederholenden – wenn auch zum Teil latenten und nicht zwingend ideologisch geprägten – Gewalt ausgesetzt, nicht nur durch Sprache an sich, sondern auch durch den Widerstand nicht-jüdischer Sprecher_innen, diesen Umstand anzuerkennen. Im schulischen Kontext ist zudem in manchen Lehrbüchern die Reproduktion antisemitischer Bilder und Stereotype angelegt (vgl. Deutsch-israelische Schulbuchkommission 2015; Kloke 2017). Die in den Schulbüchern enthaltenen Formulierungen, die beispielsweise im Zusammenhang mit dem Nationalsozialismus stehen und von Lehrkräften teilweise selbstverständlich verwendet werden, können reproduzierend und verletzend wirken.

Die vorliegende Studie und das Buch wollen dazu beitragen, die Kernkonzepte und Artikulationsstrategien eines antisemitisch angelegten, nicht-jüdischen Wissens und Sprechens zu verstehen, um so die Normierung antisemitischer Sprache aufzubrechen und zu verhindern, dass sie weitergetragen oder gar neu hergestellt wird – wie dies beim Verwenden des Begriffs Jude als Schimpfwort der Fall ist.

Gewalt in und durch Sprache artikuliert sich nicht nur durch explizite Sprechakte, sondern auch non-verbal durch Köpersprache und Kommunikationsformen, zum Beispiel durch Andeutungen (vgl. hierzu z.B. Derrida 1976; in Bezug auf Rassismus z.B. Arndt und Ofuatey-Alazard 2011). Im Kontext von Rassismus spricht Susan Arndt (2011) von „beschädigter" Sprache, die aus der Vergangenheit durch Reproduktionen sowie Neuschöpfungen ins Hier und Jetzt wirkt. In Bezug auf Antisemitismus wurde der Zusammenhang zwischen Sprache und Gewalt zwar konstatiert, aber noch immer nicht hinreichend fundiert. Ein Problem liegt in der weit verbreiteten Vorstellung, Antisemitismus sei überwunden und artikuliere sich ausschließlich in radikalisierten Kreisen. Eine weitere Schwierigkeit besteht darin, Antisemitismus als reale Gewaltpraxis anzuerkennen. Die Abwehr des Antisemitismus und dessen Verbannung aus dem Bewusstsein der Nachkriegsgesellschaft haben eine jahrzehntelange De-Thematisierung verursacht. Die Macht der Bilder und der Sprache ist, zum Beispiel in Familien von Nichtverfolgen, offenbar und nahezu unantastbar geblieben. Die Verknüpfung des Antisemitismus mit der höchsten Stufe der Gewalt – der physischen Vernichtung – überlagert die Rezeption niedrigschwelliger Erscheinungen antisemitischer Gewalt. Die tiefe Einlassung antisemitischer Bilder in der europäischen und insbesondere der deutschen Geschichte birgt die Verkennung antisemitischer Sprache. Solange diese nicht reflektiert wird, reproduziert sie sich. Nach Burkhardt Liebsch (2007) rührt die Schwierigkeit, den Zusammenhang zwischen Sprache und Gewalt anzuerkennen, von dem verbreiteten Vorverständnis, dass Gewalt zwangsläufig physisch auftrete und ein messbares körperliches Leid zur Folge habe (vgl. ebd.: 112). Dieses Negieren mentaler Marker verhindert, subtilere Gewaltsamkeiten als solche zu akzeptieren. Zudem wird die Absicht als Kriterium vorausgesetzt, was bei gewaltsamer Sprache nicht zwingend der Fall ist.

4 Anlage und Methodik

Antisemitismus an Schulen in Deutschland hat eine spezifische Bedeutung, da Schule eine der Institutionen war, an der die Verfolgung jüdischer Kinder und ihrer Familien in der Shoah begann. Zur Historie vieler Schulen gehört auch die institutionelle Geschichte ihrer Mitwirkung an der gewaltvollen, systematischen Ausgrenzung von Jüdinnen und Juden, Rom_nja und Sinti_zze aus dem Konstrukt der Volksgemeinschaft im Nationalsozialismus.

In der postnationalsozialistischen und postmigrantischen Gegenwartsgesellschaft ist die Institution Schule eine zentrale Sozialisationsinstanz und ein Ort, an dem demokratische Prozesse, Haltungen und soziales Miteinander erfahren und gelernt werden können. Schule ist auch ein Bildungsort, wo Schüler_innen mit heterogenen Hintergründen, Biografien und Lebensentwürfen mit- und voneinander lernen. Dabei kann Schule sowohl ein inkludierender als auch ein ausschließender Ort sein, an dem Differenz und Diskriminierung reproduziert und legitimiert werden. In der Schule machen viele Schüler_innen ihre ersten Diskriminierungserfahrungen und lernen, damit umzugehen. Diskriminierende Praktiken können von Gleichaltrigen sowie von Lehrer_innen und Fachkräften aus der Ganztagsbetreuung und Schulsozialarbeit ausgehen, durch Strukturen wie fehlende Barrierefreiheit entstehen, aus mangelnder Anerkennung von Mehrsprachigkeit, der Ausblendung und Abwertung religiöser Praktiken resultieren oder durch Stereotype in Lehrmaterialien vermittelt werden. In den letzten zwei Jahrzehnten wurde das Ausmaß und die Alltäglichkeit von Diskriminierungserfahrungen im Bildungsbereich umfassend belegt (vgl. Antidiskriminierungsstelle des Bundes 2019: 5). Die Erforschung von Antisemitismus im Kontext Schule bildet hierbei weiterhin ein vergleichsweises unerforschtes Feld (vgl. erste qualitative Studien von Bernstein et al. 2018; Chernivsky/Lorenz-Sinai/Schweitzer 2022; Lorenz et al. 2021). Aufgrund dieser Forschungslücke haben wir eine Studienreihe entwickelt, in der wir Wahrnehmungen von und Praktiken im Umgang mit Antisemitismus an Schulen bundesländerspezifisch untersuchen. Dieses Buch basiert auf dem ersten Teil der Bundesländerstudienreihe, die wir an Berliner Schulen durchgeführt haben.[17]

17 Die Studienreihe wird in einer Kooperation zwischen dem Kompetenzzentrum für Prävention und Empowerment und der Fachhochschule Potsdam durchgeführt.

4.1 Erkenntnisinteresse und Sampling

Das Erkenntnisinteresse der in diesem Buch diskutierten Studie betrifft die biografisch geprägten Verständnisse von Antisemitismus durch Lehrer_innen und Schulleitungen sowie ihre Wahrnehmungen und Deutungen von Antisemitismus an (Berliner) Schulen. Folgende Forschungsfragen waren leitend für besagte Studie:

- Welche Berührungspunkte mit Antisemitismus erinnern Lehrer_innen aus ihrer eigenen Biografie?
- Wie thematisieren Lehrer_innen den Umgang mit antisemitischen Phänomenen an ihren Schulen?
- Welche Verständnisse von Antisemitismus rahmen ihre Ausführungen und Diskussionen?
- Welche Bedarfe in Bezug auf den Umgang mit Antisemitismus formulieren Lehrer_innen explizit, welche lassen sich aus ihren Darstellungen ableiten?
- Welche Praktiken und Interventionsansätze sind an Schulen im Umgang mit Antisemitismus etabliert und welche möglichen Anhaltspunkte zur Verbesserung der Situation werden deutlich?

Um ein möglichst kontrastreiches Datenmaterial zu gewinnen, haben wir berlinweit Anfragen zur Studienteilnahme an Schulen geschickt. Insgesamt haben wir für diese Studie zehn narrative Einzelinterviews mit Lehrer_innen aus sechs Berliner Stadtbezirken und fünf Gruppendiskussionen mit jeweils drei bis sechs Lehrer_innen aus drei Stadtbezirken und unterschiedlichen Schulformen (Grundschule, Oberschule, Gymnasium) durchgeführt. Unter den 29 Interviewpartner_innen, darunter vier Schulleitungen, ist nahezu das gesamte Fächerspektrum vertreten. Zum Erhalt von Kontextwissen haben wir ergänzend je eine Fachkraft aus der Schulsozialarbeit und der schulpsychologischen Beratung sowie neun Expert_innen aus der Bildungsarbeit und -verwaltung interviewt. Soweit wir es aus dem Material rekonstruieren können, überwiegen im Datenmaterial dominanzgesellschaftliche Perspektiven von Lehrkräften, die nicht unmittelbar von Antisemitismus oder Rassismus betroffen sind.[18]

---

18 Durchführung der Einzelinterviews und Gruppendiskussionen: Johanna Schweitzer und Friederike Lorenz-Sinai.

4.2 Methodologischer Zugang

In ihrer Anlage folgt die Studie den Paradigmen und Annahmen interpretativer Sozialforschung (vgl. Rosenthal 2015). Lehrer_innen als Alltagshandelnde in der Schule deuten und konstruieren im Rahmen ihrer Interviewerzählungen und in Gruppendiskussionen mit anderen Lehrer_innen die soziale Wirklichkeit ihres schulischen Alltags und versehen diese mit subjektivem Sinn. In ihren Deutungen von Antisemitismus greifen die Interviewpartner_innen auf die in ihrer eigenen Sozialisation verinnerlichten und kollektiv geteilten Sinnsetzungen und Wissensbestände zurück. Wie diese ausgewählt, eingebracht und ausformuliert werden, steht aber nicht vorab fest, sondern die Fokussierung von Themen wird in der jeweiligen Erhebungssituation in einem aktiven, unwiederholbaren Interaktionsprozess mit Interviewerin_innen und – im Falle von Gruppendiskussionen – mit den anderen Lehrer_innen hervorgebracht. Daher sind die Dynamiken der Erhebungssituationen in die Auswertung des transkribierten Materials einzubeziehen (vgl. ebd.).

Methodologisch begreifen wir Schulen als spezifische soziale Welten (vgl. Clarke 2012), in denen der Umgang mit Antisemitismus in kontextspezifischen Praktiken und Routinen (vgl. Reckwitz 2003; Schmidt 2012) vollzogen wird. In narrativen Praktiken über Antisemitismus, die sich in Institutionen wie der Schule formen, verschränken sich implizite sowie explizite Wissensbestände der Beteiligten, ihre professionellen Selbstbilder und institutionelle Verhältnisse (vgl. Klatetzki 2019). Diese werden in der vorliegenden Studie anhand von Einzelinterviews und Gruppendiskussionen aus dem Datenmaterial rekonstruiert und analysiert.

In einer solchen empirischen Annäherung an Antisemitismus in Deutschland als postnationalsozialistische und postmigrantische Gesellschaft bilden (kollektiv-)biografische Erfahrungen ein Schlüsselmoment im Verstehen der Gegenwartssituation, da sie das Verständnis *von* und den Umgang *mit* Antisemitismus formen (vgl. Messerschmidt 2018; Chernivsky 2016 u. 2017). Das Sprechen über Antisemitismus in Institutionen ist vor dem Hintergrund einer routinierten Erinnerungspolitik einzuordnen, der zufolge es Antisemitismus in Deutschland eigentlich nicht geben darf. Doch trotz des offiziellen Bruchs nach der Shoah blieb Antisemitismus, wie von Adorno (1955) vorausgesagt, in Strukturen, Institutionen und kollektivem (Sprach-)Handeln der demokratisch verfassten Gesellschaft eingelassen. Der Sekundärantisemitismus wirkt als Ressentiment und sinnstiftende Denkstruktur bis in die Gegenwart. So zeigen sich bei den nachfolgenden Generationen nicht nur fragmentarische Anteile der Täter_innenbiografien, sondern auch familiär und kollektiv geformte Praktiken des Schweigens und der Abwehr, aber auch diffuse Emotionen zum Thema, die intergenerational weitergegeben werden (vgl. u. a. Bar-On 2006; Rosenthal 1995; Müller-Hohagen 2005; Moré 2013; Salzborn 2020; Lorenz et al. 2021). Da die Reflexion von

Antisemitismus in Deutschland als postnationalsozialistischer Gesellschaft (vgl. Messerschmidt 2014) nicht ohne den Einbezug von Emotionen (vgl. Mkayton 2011) und biografischen Erfahrungen (vgl. Chernivsky 2016/2020) möglich ist, haben wir in der Studie mit nicht-jüdischen Lehrkräften Erhebungsverfahren angewandt, die weniger auf Argumentationen und Meinungen zielen, als auf einen biografisch bezogenen Erzählfluss (narrative Einzelinterviews) und einen selbstläufigen Austausch (Gruppendiskussionen) unter den teilnehmenden Lehrer_innen.

4.3 Erhebung und Auswertung

In den zehn narrativen Interviews haben wir die Interviewpartner_innen gefragt, wie sie in der biografischen Rückschau von ihrer Kindheit bis zur Gegenwart als Lehrer_innen ihre Berührungspunkte mit Antisemitismus erinnern. Dadurch wurden selbstläufige Erzählungen über (berufs-)biografische Bezüge zum Thema Antisemitismus und dichte Schilderungen von Situationen und Szenen angeregt. In den Erzählflüssen können „zunehmend Eindrücke, Gefühle, Bilder, sinnliche und leibliche Empfindungen der erinnerten Situation" auftauchen, die nicht immer „in die Gegenwartsperspektive des Erzählenden passen" (Rosenthal 2011: 155 f.), sodass eine zunehmende Nähe zu früheren Sichtweisen und Empfindungen entsteht (vgl. ebd.). Nach einem Nachfrageteil zur Hauptnarration haben wir die Gesprächspartner_innen abschließend nach Bedarfen zum Umgang mit Antisemitismus an ihrer jeweiligen Schule sowie nach ihrer Definition von Antisemitismus gefragt. Das methodische Ziel dieses Vorgehens war es, die Selbstthematisierungen, Konstruktionen und Relevanzsetzungen der Lehrer_innen in Bezug auf den Untersuchungsgegenstand im Zusammenhang mit ihrer Sozialisation zu erfassen sowie ihre impliziten und expliziten Verständnisse von Antisemitismus im Kontext Schule zu erfahren. Durch die Frage nach Bedarfen wollten wir ergänzend die Möglichkeit geben, ihre Anliegen zu Schulentwicklungsprozessen im Umgang mit Antisemitismus einzubringen.

Die fünf Gruppendiskussionen wurden mit Gruppen von je drei bis sechs Lehrer_innen an zwei Oberschulen, zwei Gymnasien und einer Grundschule geführt. Das Erkenntnisinteresse galt der Frage, ob und wie Lehrer_innen Antisemitismus in ihrem Arbeitsalltag wahrnehmen und mit ihren Kolleg_innen besprechen, wie sie in der Diskussion geteilte und divergente Erfahrungen herausfinden und kollektive Wissensbestände im Umgang mit Antisemitismus sozial aushandeln (vgl. zu diesem methodologischen Zugang Przyborski/Riegler 2010: 440). Ziel der Gruppendiskussionen war es, selbstläufige Diskussionen zu initiieren, in denen die Teilnehmer_innen aufeinander Bezug nehmen, sich ergänzen, widersprechen und über ihr Handeln vor dem Hintergrund eines im

Diskussionsverlauf kollektiv gezeichneten Sinnhorizonts verständigen (vgl. Flick 2011). Alle Diskussionen wurden in ‚natürlichen Gruppen' mit Lehrkräften aus jeweils einem Kollegium geführt, die sich somit auf einen geteilten Schulkontext und Schulalltag beziehen konnten. Stimuliert wurden die Diskussionen durch zwei zu Beginn vorgelesene Zitate zu Antisemitismus an Schulen (ein Zitat zur beleidigenden Verwendung des Wortes Jude sowie ein Zitat zu Verschwörungsmythen und israelbezogenem Vandalismus). Sie sollten Anknüpfungsmöglichkeiten für Diskussionen bieten und einen offenen Austausch über ihre Erfahrung mit Antisemitismus an ihrer Schule anregen. In den selbstläufigen, ein- bis zweistündigen Diskussionen diskutierten die teilnehmenden Lehrer_innen neben schulbezogenen Themen und Situationen auch Erfahrungen aus ihrem privaten Umfeld und ihrer frühen Biografie. Deutlich wird an diesen Diskussionsphasen, wie die Wahrnehmung von Antisemitismus an Schulen durch Lehrer_innen mit ihren Sozialisationserfahrungen und kollektiven Deutungsmustern verbunden ist.

Das Material wurde mittels des Codierparadigmas der *Grounded Theory* (vgl. Strauss 1998) ausgewertet. Durch das offene sowie deduktiv-induktive Codieren des Materials wurde schrittweise ein übergreifendes Codiersystem entwickelt, begleitet von der regelmäßigen Diskussion von Codes in Interpretationsrunden und dem Verfassen analytischer Memos. Ergänzt wurde dies um sequenzanalytische, rekonstruktive Zugänge (vgl. Rosenthal 2011) zu Narrationen und Diskussionsverläufen. Auf diese Weise konnten wir Strukturmerkmale, Orientierungen und Kontraste entdecken und Schlüsselkategorien des Materials erfassen, beschreiben und theoretisieren.

5 Antisemitismus an Schulen aus der Sicht von Lehrer_innen

In diesem Kapitel erläutern wir zentrale Befunde aus der Analyse der narrativen Interviews und Gruppendiskussionen mit Lehrer_innen zu Antisemitismus an Schulen. Dabei gehen wir auf vier Ebenen ein, die sich aus den Ausführungen und Diskussionen analytisch unterscheiden lassen.

1. Thematisierung von (berufs-)biografischen Berührungen mit historischem und gegenwärtigem Antisemitismus durch die interviewten Lehrer_innen.
2. Implizite und explizite Verständnisse von Antisemitismus.
3. Wahrnehmungen und Deutungen von antisemitischen Übergriffen aus der Lehrer_innenperspektive und Strukturmerkmale ihrer Interventionsschilderungen.
4. Bedarfe und Ansatzpunkte – von den Lehrer_innen formuliert und aus ihren Schilderungen abgeleitet.

5.1 (Berufs-)Biografische Berührungen mit Antisemitismus

In den narrativen Einzelinterviews sowie im selbstläufigen Austausch mit Kolleg_innen in den Gruppendiskussionen erzählten Lehrer_innen retrospektiv von ihren ersten (berufs-)biografischen Berührungspunkten mit Antisemitismus. Ohne dass der Nationalsozialismus oder die Shoah von uns als Forscher_innen thematisiert wurde, stimulierte unsere Eingangsfrage nach biografischen Erstberührungen mit Judenhass in den Einzelinterviews nahezu bei allen Interviewpartner_innen Assoziationen zum Holocaust und Schilderungen von Situationen, Settings und Artefakten, durch die ihnen der Holocaust in ihrer Kindheit und Jugend vermittelt wurde. Gleichwohl resümierten die Interviewpartner_innen überwiegend, dass sie in ihrer Kindheit keine Berührungspunkte mit Antisemitismus hatten. Diese Assoziationen verweisen zunächst darauf, dass der Genozid an Jüdinnen_Juden im Nationalsozialismus den dominanten Referenzrahmen für die Einordnung von Antisemitismus bildet. Die heutigen Lehrer_innen erinnern in der Retrospektive aus ihrer Kindheit neben dem schulischen Unterricht und Gedenkstättenbesuchen vorwiegend mediale Vermittlungen der Shoah, etwa durch Filme und Jugendliteratur. Vereinzelt wurden Gespräche mit Eltern und Großeltern der Täter_innengeneration erwähnt, wobei der Inhalt der Gespräche offen blieb. So erinnerten die interviewten Lehrer_innen ihre biografische Einsozialisierung in Wissensbestände zu Judenhass vorwiegend durch externe Quellen zur Geschichte der Shoah ohne familiale Rückbindung.

5.1.1 Die Delegation der Bildung zur Shoah und verzerrte familiäre Narrative

Einschlägige Analysen zeigen eine tiefe Kluft zwischen der privaten (familialen) und öffentlichen (gesellschaftspolitischen) Auseinandersetzung mit der Geschichte des Nationalsozialismus und der Shoah (vgl. Rosenthal 1997; Salzborn 2020; Lorenz et al. 2021; Kranz/Ross 2022; Chernivsky/Lorenz-Sinai 2022a). Die Bildung zum Nationalsozialismus orientiert sich vorwiegend an Prinzipien der Vermittlung faktischen Wissens und fokussiert eher die Beschäftigung mit den damaligen jüdischen Opfern als die Auseinandersetzung mit der Involviertheit von Vorfahren aus der Täter_innengesellschaft. Ferner spielt die Nachgeschichte des Nationalsozialismus für die nachkommenden Generationen eher eine untergeordnete Rolle. Von als migrantisch markierten Gruppen wird gefordert, Routinen im Umgang mit einer Vergangenheit zu übernehmen, die in der deutschen Mehrheitsgesellschaft als erfolgreich bewältigt gilt. Die Aufgabe der pädagogisch begleiteten Auseinandersetzung mit historischem und gegenwärtigem Judenhass wird eher nicht als Bildungsaufgabe von Eltern oder Familie verstanden, sondern gesellschaftlich an Schulen delegiert und von Schulen an die Gedenkstättenpädagogik (vgl. Chernivsky/Lorenz-Sinai 2022b). Hierdurch reduziert sich die emotionale Bedeutungszuweisung an das Thema programmatisch, da diese ohne (familien-)biografische und reflexive Rückbindung unkonkret und ungebunden bleibt (vgl. Schwendemann/Marks 2003; Wachsmuth 2008; Chernivsky 2016/2020). Neben dem schulischen Umfeld und einer oft indirekten Berührung in den Familien sind soziale Netzwerke, Nachrichten, Filme und Literatur Teil der medialen Annäherung an die Geschichte der Verfolgung und Massenmorde. Insbesondere zur familiären Kommunikation wissen wir aus verschiedenen Forschungen (vgl. Rommelspacher 1995; Roberts 1997; Welzer/Moller/Tschuggnall 2008; Moré 2013; Lorenz et al. 2021), dass zwischen der ersten, zweiten und dritten Generation nicht-jüdischer Deutscher über die familiale Vergangenheit im Nationalsozialismus und über die Shoah überwiegend in Andeutungen, historisch entkontextualisiert, verzerrend und in Form von Verteidigungs- und Schuldabwehrerzählungen gesprochen wurde. So wurde historisch fragwürdiges Wissen über die Shoah intergenerational vermittelt.

Die Weitergabe von Wissensbeständen und Geschichtsbildern zur Shoah erfolgt auch dann, wenn die Geschichte nicht zum expliziten Gegenstand von Gesprächen wird. Affekte, Reaktionen, Stimmungen, Andeutungen und Auslassungen vermitteln stumme Botschaften und sozialisieren in Gefühle und Bilder zur Geschichte ein. In Deutschland ist diese indirekte intergenerationale Vermittlung geprägt von einer Fokussierung auf eigene Leidenserfahrungen der Eltern und (Ur-)Großeltern und von Fantasien einer empirisch äußerst unwahrscheinlichen Nicht-Involviertheit oder sogar Widerständigkeit eigener Angehöriger. Hinzu kommt eine überwiegend große, emotionale Distanz zu Opfern und Überlebenden der Massenmorde (vgl. Papendick et al. 2022), die weiterhin als *andere* Opfer – nicht als Zugehörige wahrgenommen werden, wodurch die konstruierte Trennung von den ‚Juden' und ‚Deutschen' bis in die Gegenwart verlängert wird (vgl. Enzenbach 2012).

Die im Material unserer Studie deutlich werdenden indirekten, abstrakten und teilweise diffusen Vorstellungen von Juden und Jüdischem, die überwiegend schulisch geprägte Erstberührung mit der Shoah sowie die oftmals erst im Referendariat einsetzende Wahrnehmung der Präsenz von Antisemitismus sind wesentlich, um die Verständnisse von und Annäherungen an Antisemitismus durch Lehrer_innen an Schulen einzuordnen und zu kontextualisieren.

5.1.2 Lehrer_innen als ehemalige Schüler_innen

Lehrer_innen sind immer auch ehemalige Schüler_innen, die – neben der Familie und weiteren Sozialisationsinstanzen – auch durch ihre Kindheits- und Jugenderfahrungen in der Schule geprägt wurden. So erwähnen mehrere Lehrer_innen auf die Interview-Einstiegsfrage, wann und wie sie mit Antisemitismus in Berührung gekommen sind, ihre Schulzeit als ein Moment der Erstberührung. Dabei greifen sie auf ihre eigene Unterrichtserfahrung als ehemalige Schüler_innen zurück, wie in diesem Zitat:

> „Also generell muss ich sagen, dass mir das Thema sehr wenig begegnet, ist in meinem Leben. Und wenn du mich so spontan fragst, dann wäre der erste Anknüpfungspunkt tatsächlich in der Schule im Rahmen von Nationalsozialismus, Holocaust, genau." (Lehrer_in)

In der Wahrnehmung der Lehrkraft ist „das Thema" Antisemitismus wenig präsent in ihrem Leben. Als ersten „Anknüpfungspunkt" nennt sie die Vermittlung der Shoah aus ihrer Sicht als ehemalige_r Schüler_in. Deutlich wird hier, dass die lebensgeschichtliche Relevanz von Antisemitismus als fortwährende, teils latente, teils offene Gewaltstruktur auf Seiten nicht-jüdischer Lehrer_innen gering ist. Antisemitismus wird von ihnen primär als etwas Historisches assoziiert. Auf diesen Befund kommen wir bei den Schilderungen von Situationen zurück, die Lehrer_innen aus ihrer heutigen schulischen Praxis rekonstruieren und in denen Antisemitismus überwiegend anhand von einzelnen Übergriffen, und nicht als Struktur eingeordnet wird.

Zwei Interviewpartner_innen schildern die schulische Vermittlung der

Shoah in ihrer Kindheit als Motiv für ihre weitere Beschäftigung mit der Geschichte. Eine Lehrkraft begründet dies aus der Art der Vermittlung:

> „[...] mich hat das wirklich beeindruckt und nachhaltig auch geprägt, deswegen sitze ich hier heute. Weil in Klasse fünf und sechs das zum Thema gemacht worden ist. Ohne uns mit furchtbaren Bildern zu schocken oder sonst irgendwas, auch ohne uns irgendwie Vorhaltungen zu machen, auch wenn das natürlich immer so: Oah, kann ich nicht lieber zu denen gehören, die nichts gemacht haben? Fühlt sich immer besser an."

Der_die Interviewpartner_in ordnet die Vermittlung der Geschichte der Shoah in der Schule für sie_ihn als Schüler_in als nachhaltig und prägend ein. Deutlich wird in der Erinnerung, dass die Lehrkraft das Thema aus einer dominanzgesellschaftlichen Position aufnahm und sich in dieser adressiert sah, indem die Möglichkeit von „Vorhaltungen" erwähnt wird. Aus dieser Perspektive der Nicht-Betroffenen reflektiert sie das Begehren, nicht in die sogenannte Täter_innengesellschaft involviert zu sein: „[...] lieber zu denen gehören, die nichts gemacht haben" (vgl. zum „Wunsch, unschuldig zu sein" auch: Jureit/Schneider 2010; Messerschmidt 2010). Eine weitere Lehrkraft schildert ihre Erfahrungen in der Kindheit als Motiv, die Shoah als lebensbegleitendes Thema zu bearbeiten. Sie bezieht sich aber nicht auf einen gelungenen Unterricht, sondern auf ausbleibende Antworten durch Erwachsene, insbesondere ihre damaligen Lehrer_innen:

> „[...] weil ganz viele Erwachsene damals, also mehrheitlich eigentlich Lehrer, keine Antwort geben konnten, wie das passieren konnte. Warum Deutsche so etwas gemacht haben. Und dass ich einfach beschlossen habe, dann muss ich eben selber eine Antwort finden dafür. Und dann ist es Zeit meines Lebens eigentlich ein Thema gewesen, was mich immer sehr interessiert hat."

Die zitierte Lehrkraft erinnert im Interview ihre Wahrnehmung der Erwachsenen im Umgang mit der Geschichte aus der Kinderperspektive. Fragen nach der Involviertheit der vorherigen Generationen in die Shoah und die mit dem Thema verbundenen Gefühle von Schüler_innen – von Überwältigung bis hin zu Indifferenz und Widerstand – blieben für sie unbeantwortet. Ferner zeigt sich in diesem und weiteren Materialausschnitten, dass eine Hauptquelle der Annäherung an die Shoah für die Lehrer_innen in ihrer eigenen Schulerfahrung als Heranwachsende lag. Die intergenerationale Tradierung historischer Narrative prägt Lehrer_innen auch in ihrem Unterricht über die Shoah und in der Wahrnehmung ihrer Schüler_innen im Umgang mit der Geschichte (vgl. Lorenz et al. 2021).

5.1.3 Lehrer_innen erinnern mediale Vermittlung der Shoah

In den narrativen Interviews erinnern sich die Lehrer_innen an Situationen, Orte, mediale Formen und Artefakte, die sie zum ersten Mal mit der Geschichte der Shoah in Berührung gebracht haben. So erwähnen drei Interviewpartner_innen die in den 1980er Jahren im westdeutschen Fernsehen gezeigte US-amerikanische Serie „Holocaust – Die Geschichte der Familie Weiss" oder die Dokumentation „Shoah“ von Claude Lanzmann. Hierzu erzählt eine Lehrkraft in einer Gruppendiskussion folgende Situation:

> „Ich bin vor den Fernseher gesetzt worden und habe Shoah geguckt, als dieser Dreiteiler rauskam, Anfang der Achtziger.“

Anders erinnert eine weitere Lehrkraft, wie sie die Serie „Holocaust“ durch den Türspalt zum Wohnzimmer verfolgte, da ihre Eltern sie mit 13 Jahren als zu jung zum Mitschauen befanden:

> „ich [...] hatte glaube ich, wie ganz viele meiner Generation, das zündende Erlebnis mit der US Mini-Serie Holocaust [...] und die ganze Schule redete darüber. Ich war also so knapp 13 Jahre alt und meine Eltern fanden mich damals zu klein, um das zu gucken. Sie selbst hatten das natürlich gesehen, weil alle es sahen, alle darüber sprachen. Es machte mich also rasend, dass ich nicht mit dabei sein konnte. Und [ich] habe mich also abends immer rausgeschlichen und lag im Flur und linste immer in dieses Wohnzimmer rein, um so viel wie möglich mitzubekommen.“

Diese und andere Interviewerinnerungen zeigen, wie die Eltern der Lehrer_innen in deren Kindheit wesentlich mitbestimmt haben, ob und wie eine Beschäftigung mit der Shoah erfolgt. Dabei trafen die nicht-jüdischen Eltern der von uns befragten Lehrer_innen unterschiedliche pädagogische Entscheidungen: Sie schätzten ihr Kind mit 13 Jahren als zu jung ein, einen Film über den Holocaust zu schauen, während andere Eltern ihr Kind, so die Erinnerung der Lehrkraft, gezielt damit konfrontierten. In beiden Varianten hatten die nicht-jüdischen Eltern einen Entscheidungsspielraum darüber, wann und wie ihr Kind von der Shoah erfahren sollte.

In den oben zitierten Kindheitserinnerungen nicht-jüdischer Lehrer_innen erfolgt die Berührung mit der Shoah über mediale Vermittlungen: in Form einer Dokumentation oder einer fiktiven Serie, die reale Ereignisse und Orte einbezieht und nachstellt. Diese Annäherung über ein filmisches Werk wird als „zündende[s] Erlebnis“ eingeordnet und als kollektive Erfahrung der Enkelkinder der Tätergeneration („wie viele meiner Generation“). Dass diese Filme eine außergewöhnliche gesellschaftliche Relevanz hatten, spürten die Lehrer_innen als Kinder: „[D]ie ganze

Schule redete darüber", und die Eltern hatten die Serie Holocaust „natürlich" auch selbst geschaut, „weil alle es sahen, alle darüber sprachen". Die Shoah wurde demnach in den nicht-jüdischen Familien der Lehrer_innen nicht anhand der eigenen Familiengeschichte besprochen; vielmehr nahmen sie als Heranwachsende wahr, dass die Filme das Sprechen der Erwachsenen kollektiv anregten. Deutlich erinnert eine weitere Lehrkraft, die in den 1980er Jahren im Lehramtsstudium war, die durch die Serie ausgelöste Debatte über die Shoah:

> „Und ich kann mich erinnern, dass sozusagen über diese Sendung überall irgendwie, sozusagen-. Jedenfalls da, wo ich mich so bewegt habe, sozusagen, diskutiert wurde. Sowohl in meiner Familie als auch irgendwie an der Uni. Und das hat also eine sehr, sehr starke Rolle gespielt."

Sowohl die Lehrer_innen als auch ihr Umfeld setzten sich, so die Erinnerungen in Interviews, über Filme in den 1980er Jahren mit der Geschichte des Holocausts in Deutschland aktiv auseinander. Dabei erfuhren sie eine indirekte Beschäftigung mit dem Genozid an Juden_ Jüdinnen, die nicht unmittelbar mit der jeweiligen (Familien-)Biografie verbunden wurde. Die in den USA beziehungsweise Frankreich produzierten Filmbeiträge ermöglichten eine breite öffentliche Diskussion in Deutschland. In dieser Form von Diskussion konnte die Beschäftigung mit der Shoah in relativer Distanz zur eigenen (familialen) Involviertheit gehalten werden. In den Interviews erinnern die Lehrer_innen, wie sie die starke gesellschaftliche Verstrickung in die Shoah als Heranwachsende wahrnahmen – durch die Reaktion auf die Filme in ihrem Umfeld und auch durch den Umgang damit seitens der Eltern. Aus einer generationalen Perspektive zeigt sich hier auch, wie die Vermittlung der Shoah an die zweite und dritte Generation nach dem Nationalsozialismus mit bestimmten gesellschaftlichen Ereignissen, wie hier einer kollektiv rezipierten Fernsehserie, in Verbindung steht.

5.1.4 Vermittlung durch Kinderliteratur

Eine weitere mediale Vermittlungsform ist die Literatur. So erwähnt eine Lehrkraft ein „Kinderbuch", über dessen Zeichnungen sich ihr als Kind bestimmte Situationen aus dem Holocaust vermittelt haben. Sie erinnert sich an einzelne Bilder:

> „Ich hatte ein Kinderbuch, das weiß ich aber. Ich habe noch die Zeichnung im Kopf. [...] Wo ein Mädchen, irgendwie, ein Lager entdeckt im Umkreis."

Auch diese Lehrkraft erinnert also, auf die Frage nach den ersten Berührungen mit Judenhass in ihrer Kindheit, eine mediale Vermittlung der Geschichte der

Shoah, hier in Form eines Bildes aus einem Kinderbuch. Die Lehrkraft hat sich als Kind eine „Zeichnung" eingeprägt, über ein „Lager", vermutlich ein Konzentrations- oder Vernichtungslager, das ein offensichtlich nicht-verfolgtes Mädchen als Außenstehende „irgendwie [...] entdeckt". Auch in dieser Erinnerung wird die Shoah abstrakt und entpersonalisiert vermittelt anhand der Darstellung eines Ortes aus der Perspektive einer nicht-betroffenen Person, die als Kind kein_e Täter_in sein kann. Die involvierten Menschen, die Opfer und Täter_innen, bleiben in dem Bild, der geschilderten Erinnerung zufolge, nur angedeutet. Dies deckt sich mit dem oben erwähnten Aspekt der fehlenden familialen sowie emotionalen Rückbindung als Orientierungsrahmen und eines eher unkonkreten und ungeordneten – wenn auch moralisch aufgeladenen oder „zündende[n]" Lerngegenstandes.

5.1.5 Gedenkstättenbesuche in der Erinnerung der Lehrer_innen

Auf die Interviewfrage nach den biografischen Berührungen mit Antisemitismus fallen Lehrer_innen Gedenkstättenbesuche ein, die sie als Kinder oder Jugendliche von der Schule aus, mit ihren Eltern oder im Rahmen ihrer Jugendweihe gemacht haben. Eine Lehrkraft sagt zu den Gedenkstättenbesuchen mit ihren Eltern:

> „Und meinen Eltern war es, glaube ich, einfach ein Anliegen, einfach auch Werteerziehung. Ich glaube, das war einfach ein Wert für die, von dem sie wussten, das möchten sie ihren Kindern mitgeben, unter Anderem."

Die Lehrkraft deutet die Gedenkstättenbesuche in ihrer Kindheit retrospektiv als „ein Anliegen" ihrer Eltern, ihr etwas Wesentliches („das") zu vermitteln. Was die Eltern ihr dabei genau „mitgeben" wollten, bleibt sprachlich offen. Erinnert wird ein diffuses Erziehungsziel. Die Lehrkraft erinnert zugleich aus der Kinderperspektive abwehrende Gefühle hierzu, die möglicherweise in Verbindung stehen mit der starken pädagogischen Intention der Eltern:

> „Ich hatte schon auch einmal Momente, wo ich dachte-. Also wir sind dann auch, zum Beispiel, nach Buchenwald gefahren. Da war ich neun. Es gibt auch Momente, wo ich auch gedacht habe, vielleicht hätten wir auch einfach einmal in das Phantasyland fahren können, nicht?"

Eine weitere Lehrerin schildert den Besuch einer Gedenkstätte als Schülerin, bei dem andere Opfergruppen als Juden_Jüdinnen im Vordergrund standen.

> „Also wenn ich so recht darüber nachdenke, auf jeden Fall in der Kindheit, als wir das erste Mal in Sachsenhausen waren mit der Schulklasse. Und das war noch zu DDR-

Zeiten, da war natürlich Inhalt eher das Thema Widerstandskämpfer und die Kommunisten, weniger der Fokus auf den Juden als Opfergruppe. Aber es wurde natürlich auch angesprochen und dass es irgendwie eine Judenfeindschaft gab [...] und dass es diesen Antisemitismus so als gesellschaftlich-, ja, also als Problem gab. Das hat man eigentlich erst-, oder ich eigentlich erst später dann im Abitur-, nicht? Da ist man dem begegnet, aber nicht irgendwie privat."

Die Lehrkraft erinnert in dieser Sequenz eine unkonkrete, historisierende Berührung, bei der während des Gedenkstättenbesuchs in ihrer Kindheit „angesprochen" wurde, dass „es irgendwie eine Judenfeindschaft gab". Antisemitismus wurde der_dem Heranwachsenden auch in dieser Erinnerung als ein historischer, von der Gegenwart losgelöster Inhalt vermittelt. Über Antisemitismus als gesellschaftliches Problem lernt sie_er „später dann im Abitur". Der Zugang zur Geschichte und Gegenwart des Judenhasses bleibt auch hier abstrakt, ohne Kontextualisierung und begegnet ihr_ihm „nicht irgendwie privat".

Insgesamt deuten sich zum Teil unterschiedliche Erstberührungen mit der Shoah und den Nationalsozialismus in den Biografien der in Ost- und Westdeutschland sozialisierten Lehrer_innen an, die in den weiteren Teilen der Bundesländerstudienreihe zu Antisemitismus im Kontext Schule von uns näher untersucht werden.

5.1.6 Familiale Erinnerungen

In zwei der zehn narrativen Einzelinterviews mit Lehrer_innen werden Annäherungen an die Shoah durch (mitgehörte) Gespräche im familiären Kontext erinnert. Eine in Deutschland aufgewachsene Lehrkraft erinnert Andeutungen zum Holocaust in den Erzählungen ihres Großvaters. In dessen Narration habe, so die Erinnerung, die eigene Darstellung des Verlusts von sozialem Status im Nationalsozialismus und die eigene „Vertriebenengeschichte" überwogen. In Bezug auf eine Großmutter erinnert dieselbe Lehrkraft die Dominanz des Themas „Krieg" und resümiert dann, dass die Verfolgung und Ermordung von Juden_Jüdinnen von der Großmutter nie thematisiert wurde:

„Also mein Großvater war, zum Beispiel, eher-. Der hat eine Vertriebenengeschichte dann später. Und der hat schon offen erzählt [...] Grundschulerlebnisse waren, dass er bei ihm eher, dass die jüdischen Kinder aus der Klasse verschwunden sind. [...] Meine Großmutter [...] Die hat vom NS selber oder von jüdischen Mitschülern, Mitschülerinnen jetzt nicht erzählt, aber Krieg. Krieg war natürlich das Thema dann auch für sie. [...] Und darüber hat sie dann erzählt. Aber dieses, dass Synagogen gebrannt haben, darüber haben wir jetzt nicht geredet. Also da waren wir auch schon eher so, das höre ich auch bei meiner Mutter immer noch ein bisschen heraus, dass das nicht

> so bekannt war einfach schon. So deutlich wird es nicht gesagt, aber das hat zumindest jetzt meine Großmutter nie so thematisiert."

In der Kindheitserinnerung der Lehrkraft wird das Nicht-Sprechen über die Shoah reflektiert und zugleich reproduziert. Jüdische Kinder werden, der Narration des Großvaters folgend, nur als „verschwunden" erwähnt, was impliziert, dass dem Großvater damals nicht klar gewesen sei, dass sie ermordet wurden. Das erinnerte Schweigen der Großmutter wird nicht direkt auf Menschen bezogen, sondern verdichtet im Bild der brennenden Synagogengebäude: „dass Synagogen gebrannt haben, darüber haben wir jetzt nicht geredet." In einem Nebensatz kollektiviert der_die Lehrer_in diese Sprech- und Schweigepraktiken als etwas, das in anderen Familien ähnlich praktiziert wurde („Also da waren wir auch schon eher so.").

Die hier geschilderten narrativen Praktiken decken sich mit Befunden vorausgegangener Studien und Analysen (vgl. Rommelspacher 1995; Schneider 2001; Rosenthal 1997; Moré 2013; Welzer et al. 2008; Wachsmuth 2008; Lorenz-Sinai 2022). Der Krieg und das kriegsbedingte Leiden standen in nicht-jüdischen Familienerzählungen im Vordergrund und haben die Verfolgung, die Vernichtung und die Folgen der Shoah maßgeblich überschrieben (vgl. Rommelspacher 1995). Die Nachkommen der involvierten Elterngeneration erfuhren nicht viel über die direkte oder indirekte Beteiligung ihrer Familien an den Verbrechen oder der Duldung derselben: Es entstanden Höhlen im kollektiven, aber auch im Familiengedächtnis – tabuisierte Anteile, Leerstellen oder auch Konfliktfelder blieben jahrelang unangetastet (vgl. Moré 2013; Ottmüller 2015). Zudem wurden die Opfer als Andere und nicht als Zugehörige der eigenen Gruppe festgeschrieben (vgl. Schneider 2001; Welzer et al. 2008). Diese Erzählungen wurden transgenerativ übertragen und haben dazu beigetragen, dass Juden_Jüdinnen von der nicht-jüdischen Mehrheitsgesellschaft bis heute tendenziell als unnahbar und nicht zugehörig eingeordnet werden, wodurch eine Trennung in ‚Juden' versus ‚Deutsche' reproduziert wird (vgl. Schneider 2011; Enzenbach 2012). Juden_Jüdinnen werden dabei wahrgenommen als eine Gruppe, die zwar in der Vergangenheit Verfolgungen ausgesetzt war, heute aber weitgehend keine weitere Diskriminierung erfährt (vgl. Chernivsky 2019).

Ganz anders ist die Erinnerung an Familiengespräche zur Shoah durch eine Lehrkraft, die in einem anderen europäischen Land aufgewachsen ist.

> „Und ich komme aus einer typischen Familie, in der es sowohl Opfer, als auch Täter gab. Das ist relativ üblich für […] [Ländername], dass es dann sowohl Widerstandskämpfer gab, als auch Täter. Die zum Teil auch wirklich an einem Tisch saßen in der Familie. […] Sodass ich mit diesem Thema schon als Kind sehr oft konfrontiert wurde. Und habe mir diese Erzählungen auch alle angehört. […]

> Und ich muss sagen in diesen Geschichtsbüchern, wenn ich zurückblickend daran denke, hat die Judenverfolgung eigentlich auch eine periphere Rolle eingenommen. Das war mir damals noch nicht so bewusst, sondern es ging wirklich um den heldenhaften Kampf der Partisanen. Und natürlich hat man auch gerne so getan, als seien die meisten Menschen dort Partisanen gewesen [...]. Am Ende will keiner zu den Tätern gehört haben."

Analog zu einigen der in Deutschland aufgewachsenen Lehrer_innen nimmt die interviewte Lehrkraft kritisch Bezug auf die „periphere Rolle" der Judenverfolgung in der Geschichtsvermittlung, hier in Bezug auf Schulbücher. Eine deutliche Differenz zu den Kindheitserinnerungen der in Deutschland in nicht-jüdischen Familien ohne jüngere Migrationsgeschichte aufgewachsenen Lehrer_innen bildet ihre Erinnerung an die Berührung mit der Shoah, über die sie im direkten Bezug zu den eigenen Angehörigen erfuhr. Die Lehrkraft hört, so ihre Rekonstruktion im Interview, die Gespräche von verschiedenen Erwachsenen, die „an einem Tisch saßen in der Familie" und die sie unmittelbar hinsichtlich ihrer Involviertheit einordnen kann („sowohl Opfer als auch Täter", „Widerstandskämpfer"). Sie erinnert sich, dass sie „als Kind sehr oft konfrontiert" wurde mit der Geschichte der Shoah und des Nationalsozialismus und sich „diese Erzählungen auch alle angehört" hat. Die Berührung mit Judenhass ist auch hier historisch bezogen, sie erscheint aber in der Narration aus der Kinderperspektive als Teil des familiären Alltags. Ereignisse aus der Shoah vermittelten sich ihr als unmittelbar greifbarer Teil der Geschichte der Angehörigen und nicht als etwas Abstraktes, medial Verhandeltes und in Gedenkstätten Erklärtes, wie es in den Interviews der in Deutschland sozialisierten Lehrer_innen deutlich wird.

Im Kontrast zu diesen direkteren Bezügen, die er_sie aus dem familiären Umgang mit Geschichte in seiner_ihrer Kindheit erinnert, erlebt er_sie Gespräche zur Shoah und Antisemitismus in Deutschland als „unentspannt":

> „Und in Deutschland ist das eine ganz heikle Sache natürlich, das weiß ich, als Nicht-Deutsche. Hier muss man ständig auf rohen Eiern laufen, wenn es um Israel geht und Judentum. Und das ist völlig unentspannt."

Was der_die Lehrer_in hier wahrnimmt, betrifft eine überwiegend abstrakte, diffuse Vermittlung der Shoah bei gleichzeitigem Wissen um die Involviertheit, was in ein von Ambivalenzen und Spannungen durchzogenes Sprechen mündet zu Themen, die unmittelbar mit der Shoah assoziiert werden („Israel" und „Judentum").

Insgesamt zeigt sich eine deutliche Differenz zwischen den kollektivbiografischen Kindheitserfahrungen nicht-jüdischer Lehrer_innen mit ihren eigenen Eltern und deren Umgang mit den Wirkungen von Shoah und Antisemitismus auf der einen Seite, und den in anderen Studien untersuchten Erfahrungen von Schüler_innen und Eltern mit jüdischer Gegenwartsbiografie auf der anderen. So zeigen Interviews mit jüdischen Eltern in Deutschland, wie sie beim Eintritt ihres Kindes in öffentliche Bildungsinstitutionen die Kontrolle darüber verlieren, wie ihr Kind als Jüdin_Jude durch Andere mit der Shoah in Verbindung gesetzt wird (vgl. Bernstein 2018/2020; Wiegemann 2022).

5.1.7 Diffuse Vermittlung der Shoah verbindet und schafft Distinktion

Gezeigt wurde bis hierhin, dass die Lehrer_innen aus ihrer eigenen Biografie eine abstrakte, indirekte Annäherung an die Shoah in ihren Familien erinnern. Teilweise wurde dies als pädagogisch intendierte Werteerziehung erlebt, in anderen Fällen blieb eine Vermittlung, den Narrationen zufolge, ganz aus. Trotz dieser indirekten Vermittlungspraktiken, die keine familialen Bezüge herstellten, gab es offensichtlich ein Wissen um die unmittelbare familienbiografische Verbindung zur Shoah. Das Wissen darum wird von zwei Lehrer_innen sogar explizit als Trennlinie angeführt zwischen einem „Wir", das nicht-jüdische Deutsche umfasst, die mit der Tätergeneration verwandt sind, und einigen ihrer heutigen Schüler_innen, deren Herkunftsmilieus und Biografien weniger durch die Shoah geprägt seien. In den Ausführungen der Lehrer_innen werden die gemeinten Schüler_innen deutlich als Andere markiert („die", „deren Eigenbiografie", „mit denen"):

> „Also genau, mein Geschichtslehrer wusste, irgendwie haben wir etwas damit zu tun. Und ich weiß nicht. Die irgendwie nicht so direkt. Und dann weiß ich nicht, inwieweit man die da jetzt-. Das ist schwierig. Weil deren Eigenbiografie ist davon eigentlich nicht so geprägt. Oder zumindest nicht so deutlich, ersichtlich geprägt, wie jetzt bei uns, nicht? [...] Aber dann nimmt man mit denen die Shoah durch, zum Beispiel, oder den NS. Und dann weiß ich nicht: Ist das für die greifbar? Die sind, irgendwie, Mitte der Neunziger, irgendwie hierhin gekommen die Eltern. Die Eltern haben auch wenig Wissen einfach. Schwierig. Also ich kann mich auch wirklich nicht eins zu eins mit denen vergleichen, weil ich auch aus dem Bildungsmilieu komme. Und das ist da nicht so. Und da gibt es auch keine Bildungshintergründe, oft. Das finde ich schwierig."

Im Verhältnis des Geschichtslehrers zu ihr_ihm und ihren_seinen Mitschüler_innen in der eigenen Kindheit wurde eine gemeinsame Verbindung wahrgenommen zur Täter_innengesellschaft, die aber nicht spezifiziert, sondern in der Gemeinsamkeit angedeutet wird: „irgendwie haben wir etwas damit zu tun". Auch hier bleibt das Sprechen über die Shoah im Modus des leeren Sprechens („damit") (vgl. Welzer et al. 2008). Im Kontrast dazu setzt die Lehrkraft einige ihrer heutigen Schüler_innen, und zwar „die", deren Biografie „nicht so deutlich, ersichtlich geprägt, wie jetzt bei uns" sei, was durch die Andeutung von jüngeren familiären Migrationsgeschichten begründet wird. Die wahrgenommene Differenz wird zusätzlich vermengt und verstärkt mit milieubezogenen Distinktionen und Zuschreibungen von fehlender Wissensvermittlung in der Herkunftsfamilie der gemeinten Schüler_innen. In dieser Sequenz wird deutlich, wie prägend und kollektivierend die diffuse, abstrakte und dennoch dominanzgesellschaftlich präsente Verbindung zur Shoah ist, die nicht-jüdische Lehrer_innen in ihrer eigenen Biografie erfahren haben. Dies scheint zu verbinden, denn die Differenz zu jungen Menschen, die andere Bezüge zur Geschichte des Nationalsozialismus und Holocaust haben, wird hinsichtlich der schulischen Vermittlung problematisiert („Das ist schwierig."). Bei aller Diffusität und Unklarheit wirkt die dominanzgesellschaftliche biografische Einsozialisierung in Praktiken des Umgangs mit der Shoah offensichtlich so stark, dass sie als deutliche Differenz empfunden und ab- und ausgrenzend gegenüber den als „Migrationsanderen" (Mecheril 2010: 17) Markierten eingesetzt werden kann.

5.1.8 *„Und ich wusste nicht, dass es das gibt."* – Erstberührungen mit gegenwärtigem Antisemitismus

Die Erstberührungen mit gegenwärtigem Antisemitismus werden überwiegend aus der Zeit des Referendariats und Berufseinstiegs erzählt. In vier Interviews berichten Lehrer_innen zudem von antisemitisch konnotierten Situationen außerhalb des Schulkontexts. Überwiegend geht es um einschneidende Erlebnisse, die wie eine Zäsur wahrgenommen werden. Zwei Lehrer_innen schildern hingegen eine Präsenz antisemitischer Äußerungen in ihrer „Jugend", wie in der folgenden Sequenz:

> „Was mir begegnet ist, so als Jugendliche schon auf einer ganz billigen Ebene, sage ich mal, so Judenwitze. Aber die waren dumm und oberflächlich und gingen jetzt nie tiefer rein in irgendwelche, ja-, also es war nicht vielschichtig. Sondern es war oberflächlich und dumm und das gab es schon auch in meiner Jugend […]."

In der retrospektiven Darstellung wird die Wahrnehmung von Antisemitismus in Form vermeintlicher Witze erinnert, die als normalisiert und nicht als einmalige Ausnahme erscheinen. Diese Äußerungen werden durch mehrere Adjektive eingeordnet („auf einer ganz billigen Ebene", „dumm und oberflächlich", „nicht vielschichtig") und können als Relativierung verstanden werden, da sie implizieren, dass die Witze keine weitreichendere Bedeutung gehabt hätten. Diese Abfolge der Benennung von antisemitischen (Sprach-)Handlungen und der direkt anschließenden Relativierung, die hier in Bezug auf Jugenderinnerungen erfolgt, findet sich als Strukturmerkmal in Schilderungen von antisemitischen Vorfällen durch verschiedene Lehrer_innen (siehe Bernstein 2020; siehe auch: Salzborn/

Kurth 2019). In einem weiteren Interview, in dem Antisemitismus aus der Kindheit und Jugend eher als etwas Durchgehendes erinnert wird, erzählt der_die Interviewpartner_in, dass „dieser Nahostkonflikt in unserer Familie präsent war", was mit der Erwägung des Boykotts israelischer Waren illustriert und am Ende der Sequenz als Antisemitismus eingeordnet wird:

> „Also kauft man jetzt Jaffa-Produkte oder nicht zum Beispiel. Als so ein Beispiel. Und da gab es sozusagen erste Berührungspunkte. Ja, letztlich auch mit einem Antisemitismus."

Noch eine weitere Lehrkraft erzählt von antisemitischen Ressentiments in Fragen, die ihr durch Bekannte bezüglich einer jüdischen Familie gestellt wurden, mit der der_die Interviewpartner_in näheren Kontakt hatte. Ansonsten überwiegen Schilderungen, in denen die erstmalige Wahrnehmung von gegenwärtigem Antisemitismus als Zäsur und große Irritation erinnert wird. So erzählt eine Lehrkraft nach einer vorherigen längeren Sequenz, in der es um die ausschließlich abstrakte, historische Vermittlung in der Kindheit ging, von ihrer Erstberührung mit konkretem Antisemitismus im Stadion als junge Erwachsene.

> „Persönlich selbst habe ich Erlebnisse im Stadion, also beim [Sportart], wenn plötzlich irgendwelche sogenannten, angeblichen Fans ‚Jude' geschrien haben, einfach gegen den Schiedsrichter. Da habe ich dann das erste Mal wirklich hautnah erlebt, was das bedeutet, wenn solche Barrieren fallen, wenn solche-, also wenn Menschen plötzlich gar nicht mehr Scheu davor haben."

In der retrospektiven Einordnung der Stadion-Situation wird von gefallenen Barrieren ausgegangen, von einer „Scheu davor", also vor der Äußerung von Judenhass, die „plötzlich" aussetzte. Dies verweist auf ein implizites Wissen um die Latenz von Antisemitismus und auf die Wahrnehmung, dass dessen Tabuisierung ansonsten als Barriere wirkt, die entsprechende Äußerungen zurückhält.

Ansonsten beziehen sich die im Interview erinnerten Erstberührungen mit gegenwärtigem Antisemitismus auf die Phase des Referendariats oder des Berufseinstiegs. Diese Schilderungen haben gemeinsam, dass sie als erstmalige, überraschende und schockierende Erfahrung erinnert werden. Exemplarisch ist dafür die Erzählung einer Lehrkraft. Nachdem sie zu Beginn des Interviews von den pädagogisch intendierten Vermittlungen der Shoah durch ihre Eltern berichtet hatte, kommt sie zu ihrer Erstberührung mit Antisemitismus als Berufsanfänger_in durch die Äußerungen eines Schülers:

> „Da gab es ein Kind, der wirklich permanent über Juden geschimpft hat. Und das hat mich wirklich sehr geschockt. Weil ich das, wie gesagt, aus meiner eigenen Biografie nicht kannte. Weil ich eher […] dieses historisch aufgearbeitete Schuldbewusste-. Also

es ging auch viel um Schuld immer schon, bei dieser Auseinandersetzung in der Kindheit. Und ich wusste nicht, dass es das gibt. Und es hat mich sehr geschockt. Und ich dachte aber, wie gesagt-. Also es war, am Anfang, ein einzelner Junge. Und ich habe auf den dann auch wirklich immer falsch reagiert und hinausgeschmissen und so. [...] Und ich wusste, wie gesagt, nicht, dass es das gibt. Und das hat mich sehr geschockt. Habe ich jetzt schon drei Mal gesagt, aber es hat mich wirklich krass-. Ich war auch nicht-. Komme wirklich aus einem bürgerlich, akademischen Milieu, nicht? Hatte wenig Berührungspunkte mit dem muslimischen Milieu oder mit dem migrantischen Milieu. Das gab es in der Stadt, wo ich herkomme, nicht. Und das gab es auch in meinem Studium, irgendwie-. Habe ich mich damit nicht beschäftigt. Und das war neu."

Die Lehrkraft schildert, dass sie die Erstberührung mit einer antisemitischen (Sprach-)Handlung sehr schockiert habe und kontextualisiert dies vor ihrer Einsozialisierung im Umgang mit Antisemitismus in der Kindheit. Ihre Kindheitserinnerung fasst sie als „dieses historisch aufgearbeitete Schuldbewusste" zusammen. Die vermeintlich „aufgearbeitete" „Schuld" steht damit in der Sequenz im Kontrast zu den gegenwärtigen judenfeindlichen Äußerungen des Schülers. Durch Wiederholungen, die sie selbst kommentiert („Habe ich jetzt schon drei Mal gesagt") und verschiedene Wendungen, die die Erstmaligkeit und Intensität dieser Erfahrung unterstreichen („wirklich krass") vermittelt sie der Interviewerin den Moment ihrer Erstbegegnung mit gegenwärtigem Antisemitismus als Einschnitt. Sie schildert ihre Intervention, den Rausschmiss eines Schülers, und ordnet diese direkt anschließend aus ihrer heutigen Perspektive als „falsch" ein. Im Interviewkontext stellt die von ihr selbst auch im weiteren Verlauf als ungewöhnlich stark bewertete Reaktion erneut das Ausmaß ihrer Erschütterung heraus. Schließlich ordnet sie die Situation als etwas für sie damals völlig Neues ein und erklärt dies über die Differenz zwischen einem „bürgerlich, akademischen Milieu", das in dieser Logik als frei von gegenwärtigem Antisemitismus erscheint, und „dem muslimischen Milieu oder mit dem migrantischen Milieu", das „es in der Stadt, wo ich herkomme" und „auch in meinem Studium" nicht gegeben habe und womit sie sich nicht „beschäftigt" habe. Das so angedeutete Milieu steht hier als Chiffre für einen offen gezeigten Antisemitismus, wobei der_die Lehrer_in davon ausgeht, dass die Interviewerin diesen Sinn rezipiert, da sie die von ihr hergestellte Verbindung nicht näher ausführt. In der Sequenzlogik mischen sich die als „neu" beschriebenen Erfahrungen von konkreten antisemitischen Äußerungen und die Berührung mit einem „Milieu", das sie als damals „neu" einordnet. Gegenwärtiger Antisemitismus wird damit in mehrfacher Hinsicht externalisiert und weit entfernt von dem_der Lehrer_in als Person und ihrem sozialen und geografischen Hintergrund verortet.

So erklärt der_die Lehrer_in, er_sie habe nicht gewusst, „dass es das gibt". Die Differenz zwischen einem abstrakten Wissen um Judenhass mit einem historischen Bezug und der Wahrnehmung von gegenwärtigem und offen geäußertem

Judenhass („das“) wird hier besonders deutlich, da die gleiche Lehrkraft zuvor aus ihrer Kindheit eine vielfältige und gezielte Vermittlung der Geschichte der Shoah durch ihre Eltern schilderte. Er_Sie stellt im Interviewverlauf selbst diese Verbindung her und kontextualisiert seine_ihre Emotion, „sehr geschockt“ gewesen zu sein vor dem Hintergrund seiner_ihrer Kindheitserinnerungen:

> „Und das ist dann, glaube ich, der Bogen zu meiner Kindheit. Dass ich dann dachte: Das war meinen Eltern ein Anliegen, dass das mir, irgendwie, mitgegeben wird. Und dann hat das, irgendwie, auch gut funktioniert. Also ich habe mich dann auch in Kreisen bewegt, wo das einfach unausgesprochen klar ist. Und da ist es, irgendwie, nicht mehr klar. Und das hat mich dann so getriggert, das glaube ich schon, ja.“

Das in der Kindheit verinnerlichte anti-antisemitische Selbstbild zeigt sich hier als eines, dass Identität stiftet und selbstreferenziell „gut funktioniert [...] in Kreisen [...] wo das einfach unausgesprochen klar ist“. Diese Prägung hilft dem_der Lehrer_in offensichtlich nicht im Umgang mit gegenwärtigem Antisemitismus in der Schule. Er_sie reflektiert im weiteren Interviewverlauf, wie er_sie sich im Laufe der beruflichen Tätigkeit eigene Interventionsstrategien angeeignet habe (siehe hierzu 4.3).

Eine andere Lehrkraft erzählt aus ihren ersten Berufsjahren über ihre Erfahrungen, als sie mit Schüler_innen zu einer filmischen Dokumentation gearbeitet habe, in der ein antisemitischer Angriff auf einen koscheren Laden in der Gegenwart dargestellt worden sei:

> „Und da ist mir bewusst geworden, dass Antisemitismus wirklich in der Gesellschaft existiert, also wirklich. Vorher war mir das in dieser reinen Form, dass man auf die Idee kommt, einen koscheren Laden zu beschmieren, die Flagge abzureißen, so gar nicht präsent und bewusst.“

Auch in dieser Narration wird die Erkenntnis erinnert, dass „dass Antisemitismus wirklich in der Gesellschaft existiert“, was reflektierend in Differenz gesetzt wird zu einer vorherigen Wahrnehmung, in der diese Realität „so gar nicht präsent und bewusst“ gewesen sei. Resümierend lässt sich festhalten, dass es in den längeren Narrationen der Lehrer_innen zu ihren ersten biografischen Berührungen mit Judenhass und Antisemitismus zunächst überwiegend um Vermittlungen der Geschichte der Shoah in ihrer Kindheit und Jugend geht. Die Erstberührung mit gegenwärtigem Antisemitismus wird zweimal in der Zeit als Jugendliche beschrieben, ansonsten erst in der Phase des Referendariats oder des Berufseinstiegs verortet. Berichtet wird, antisemitische (Sprach-)Handlungen „plötzlich“, „das erste Mal wirklich hautnah erlebt“ zu haben und „schockiert“ gewesen zu sein.

Die unvermittelte, als plötzlich erlebte und emotional aufgeladene Wahrnehmung von Antisemitismus als real und gegenwärtig lässt sich einordnen vor dem Hintergrund der geschilderten Kindheitserfahrungen, in denen Antisemitismus überwiegend historisch (und nicht gegenwärtig, fortwirkend) erklärt oder medial vermittelt wurde. In der Folge wird Antisemitismus nicht innerhalb des Erwartungshorizonts rezipiert und eindeutige Situationen werden als unerwartet, plötzlich und überraschend erinnert. Dabei wird deutlich, dass bei manifesteren Ausdrucksformen des Antisemitismus, wie bei den Angriffen auf einen koscheren Laden, die Rezeption durch eine erhöhte Emotionalität unterstützt beziehungsweise erleichtert wird. Starke Emotionen wie das Gefühl des Schockiertseins verweisen auf die Schwierigkeit, den Zugang zu alltäglichen Situationen zu erschließen. Die wiederholt beschriebene Überraschung angesichts antisemitischer Übergriffe deutet darauf hin, dass Antisemitismus den bisherigen Erfahrungen sowie eigenen moralischen Konzepten zwar widerspricht, aber dennoch weit entfernt vom eigenen Leben und Handeln verortet wird. Aufgrund einer emotional aufgeladenen und doch eher abstrakt, vorwiegend schulisch vermittelten, gesellschaftlich marginalisierten Perspektive zeigen die Reaktionen, dass die Kontinuität antisemitischer Ressentiments den Nicht-Betroffenen wenig bewusst und affektiv nicht zugänglich ist. Es bedarf radikaler Ereignisse, die als ungewöhnlich, herausragend, überraschend wahrgenommen werden, um überhaupt registriert zu werden.

Außer der Erwähnung von Schockiertsein oder/und Empörung bleiben die Emotionen zu Antisemitismus seitens der Lehrer_innen überwiegend unthematisiert (vgl. Chernivsky 2017). Angesprochen werden Gefühle im Interviewmaterial aber anhand von Schüler_innen. So wird unter anderem beschrieben, dass einzelne Schüler_innen „sehr starke Emotionen" einbringen würden, wenn das Wort Israel im Unterricht ausgesprochen werde:

> „Also es ist jetzt nicht so, dass die ganze Klasse anfängt, wild zu diskutieren. Das ist zumindest bei meinen Klassen nicht so. Sondern es sind dann immer die Lautesten und Aggressivsten, die da sehr starke Emotionen in die Klasse hineinbringen."

Deutlich wird an Ausschnitten wie diesen, dass die mit Antisemitismus verbundenen Emotionen im Kontext Schule sowohl Lehrer_innen als auch Schüler_innen betreffen und auf unterschiedlichste Weise sichtbar und wirksam werden.

5.1.9 Ausbleibende, unklare und biografisch späte Bezüge zu Juden_Jüdinnen

In den Narrationen der Lehrer_innen zur Frage nach der Erstberührung mit Antisemitismus tauchen Jüdinnen_Juden in den Kindheitserinnerungen nicht als reale Menschen auf. Die ersten Bezüge zu Juden_Jüdinnen erfolgen im Jugend-

und frühen Erwachsenenalter indirekt, beispielsweise durch die Erwähnung eines ehemaligen Freundes mit einer jüdischen Großmutter, oder sie basieren auf Fantasien, Vermutungen und potenziellen Verwechslungen. So erzählt eine Lehrkraft, dass er_sie aufgrund seines_ihres Nachnamens ausführlich recherchiert habe, ob er_sie jüdische Vorfahren habe („Also mein Nachname könnte ein jüdischer Nachname sein."), und eine andere Lehrkraft erzählt, als junge_r Erwachsene_r im Ausland für jüdisch gehalten worden zu sein, was sie erst als irritierende und dann als positive Erfahrung einordnet. Diese offenbleibenden beziehungsweise sich als Verwechslung herausstellenden Verbindungen zwischen der eigenen Person und einem potenziellen Jüdischsein können neben anderen Lesarten auch als Ausdruck des Wunsches nach einer Verbindung zu den Opfern und Überlebenden der Shoah gedeutet werden. Diese erklärt sich vor dem Hintergrund der diffusen eigenbiografischen Verbindung zur Täter_innengesellschaft, die sich in den Kindheitserinnerungen dieser Studie und weiteren Studien zeigt (vgl. u. a. Lorenz et al. 2021). Ferner wirft der Umstand der Objektifizierung jüdischer Menschen als historische Objekte die Frage auf, inwiefern die emotionale Verbindung zu Individuen jenseits der Verfolgungsgeschichte oder klischeehaft vermittelten Gegenwart ohne natürliche Kontakte überhaupt möglich ist.

Die einmalig erwähnte direkte Begegnung mit Juden_Jüdinnen als Heranwachsende ist zugleich die erste erinnerte Berührung mit Antisemitismus. So erzählt ein_e Lehrer_in von ihrem Kontakt zu einer jüdischen Familie im jungen Erwachsenenalter, woraufhin er_sie „Reaktionen" durch Bekannte erfahren habe. Diese ordnet er_sie in direkter Abfolge zunächst als „nicht antisemitisch" und dann als „antisemitische[.] Äußerungen" ein:

> „Das heißt, es war jetzt nicht antisemitisch, also ich war nicht persönlich betroffen, aber ich habe gemerkt, dass diese ganz klassischen Vorurteile nach wie vor in, ja in den Köpfen sind. Genau, das war eigentlich so meine erste Begegnung mit antisemitischen Äußerungen."

Auf Nachfrage der Interviewerin nach dem Inhalt der Äußerungen zählt der_die Lehrer_in mehrere bekannte antisemitische Verschwörungsmythen auf, die Bekannte in Reaktion auf seinen_ihren Kontakt mit einer jüdischen Familie äußerten.

Diese direkte Abfolge von Relativierung und Benennung einer antisemitischen Äußerung zeigt sich im Material als eine soziale Praktik des Sprechens über antisemitische (Sprach-)Handlungen. Die interviewten Lehrer_innen setzen Situationen zunächst eindeutig in Verbindung mit Antisemitismus, erklären sie aber direkt vor oder nach dieser Einordnung für nicht antisemitisch. Eine mögliche Deutung dieser auf den ersten Blick widersprüchlichen Abfolge ist zunächst, dass sich darin eine Hemmung ausdrückt, Antisemitismus eindeutig zu benennen, die sich womöglich aus dem verinnerlichten „Nie wieder“ und vor dem Hintergrund der Verbindung von Judenhass mit der Shoah erklärt. Eine weitere, daran anschließende Deutung wäre, dass sich Lehrer_innen durch die Benennung mit dem Thema verbinden, es aber zugleich verundeutlichen und dadurch die Bewertung des Vorfalls für die anderen Lehrer_innen in der Gruppendiskussion beziehungsweise die Interviewerin im Einzelinterview offenlassen. Nach einer dritten Lesart wird hier eine Struktur deutlich, die darin besteht, sich in Beziehung zum Thema zu setzen, indem eine Beobachtung von Antisemitismus im Interview geschildert wird, um sich direkt davor oder danach davon zu distanzieren. Durch dieses sprachliche Rein- und Rausgehen wird die emotionale Dimension von Judenhass auf Abstand gehalten und nicht mit dem eigenen Empfinden oder dem eigenen sozialen Umfeld in Verbindung gebracht. Ferner können die verinnerlichten antisemitischen Stereotype dazu beitragen, dass antisemitische Sprachhandlungen legitimiert werden.

Zwei Lehrer_innen erzählen in Gruppendiskussionen von persönlichen Beziehungen zu Jüdinnen_Juden in Familie oder Bekanntenkreis. Ansonsten tauchen Juden_Jüdinnen im Datenmaterial vorrangig dann in exponierter Form auf, wenn es um antisemitische Übergriffe an Schulen geht. Es zeigen sich seitens der Lehrer_innen kaum Vorstellungen von Reaktionen und Perspektiven jüdischer Schüler_innen und ihrer Familien. Dies erklärt möglicherweise das vorwiegend abstrakte Verständnis von Antisemitismus vieler Lehrer_innen und begründet auch, warum in den Interventionsschilderungen zu Antisemitismus an Schulen oft die Betroffenen unbeachtet bleiben.

5.2 Verständnisse und Konzepte von Antisemitismus

Die Rekonstruktion des Verständnisses von Antisemitismus aus der Sicht und Perspektive von Interviewpartner_innen ist ein wichtiger Anhaltspunkt in der Studie. Denn die Frage darüber, was Antisemitismus ausmacht, ist nicht nur theoretisch hoch umstritten, sondern bedingt auch wesentlich, ob und wie Antisemitismus in pädagogischen Institutionen individuell wie auch institutionell wahrgenommen, eingeordnet, verhandelt und bearbeitet wird.

In den Einzelinterviews haben wir jeweils am Ende direkt gefragt, was die interviewte Person unter Antisemitismus verstehe. Alle interviewten Lehrer_innen definierten auf diese explizite Frage hin ihr Verständnis von Antisemitismus in wenigen Sätzen. Diese Konzepte sind unterschiedlich differenziert. Wesentlich ist jedoch der Befund, dass die Lehrer_innen bei der Frage auf abgegrenzte Definitionen von Antisemitismus zurückgreifen und diese formulieren können. Dies steht im deutlichen Gegensatz zu Sequenzen in den selbstläufigen Gruppendiskussionen und Narrationen in den Einzelinterviews, wo Antisemitismus, häufig in metaphorischer Form, als etwas kaum Greifbares verhandelt wird. Bevor wir im nächsten Schritt diese Verrätselung des Antisemitismus im Sprechen über seine Wirkung im schulischen Alltag näher betrachten, werfen wir zunächst einen Blick auf die expliziten Konzepte von Antisemitismus, die die Lehrer_innen formulieren.

So nennen die Lehrer_innen auf direkte Nachfrage im Interview mehrfach die Abwertung von Juden_Jüdinnen als Merkmal des Antisemitismus („Also, na, erstmal eine Abwertung von jüdischen Menschen"). Einige Lehrer_innen beschreiben verschiedene Formen des Antisemitismus, wie israelbezogenen Antisemitismus („Irgendwie, wenn jüdische Menschen hier immer für die Politik in Israel verantwortlich gemacht werden."), Verschwörungsmythen und Vorurteile, die „darauf abzielen, dass es eine Gruppe ist, die irgendwie höherwertig ist". Antisemitismus wird unter anderem beschrieben als „Teil von gruppenbezogener Menschenfeindlichkeit mit der Spezifik, dass nicht nur Abwertung, sondern auch so eine heimliche Aufwertung halt mit einhergeht". Zudem grenzen mehrere Interviewpartner_innen Antisemitismus und Rassismus voneinander ab, indem betont wird, dass Antisemitismus „nach anderen Prinzipien funktioniert", es „ja schon eine besondere Form der Diskriminierung" ist und „eben nicht mit anderen Rassismen zu verwechseln". Weiter unterscheiden Interviewpartner_innen antisemitische Vorfälle („Dass jemand, der eine Kippa trägt, irgendwie angegriffen wird.") von antisemitischen Strukturen und der Kontinuität des Antisemitismus, indem dieser als etwas beschrieben wird, das „immer so aktivierbar ist". Resümieren lässt sich, dass die interviewten Lehrer_innen differenzierte Konzepte von Antisemitismus haben und dass diese auf Wissensbeständen aus aktuellen Diskursen und theoretischen Konzepten basieren wie beispielsweise dem der „gruppenbezogenen Menschenfeindlichkeit".

Zugleich wird in einigen Ausführungen deutlich, dass die Interviewpartner_innen aus der Perspektive nichtjüdischer Lehrer_innen sprechen. So erklärt beispielsweise ein_e Lehrer_in im Anschluss an die eigene Definition des Antisemitismus, warum dieser in einer „diversen Gesellschaft" ein „guter Lerngegenstand" sei, um u. a. „Multiperspektivität einzuüben":

> „[…] es ist für mich halt im Kontext von einer diversen Gesellschaft, die wir heute in dieser Stadt haben, im Kontext von einer deutschen Geschichte, Holocaust, Nationalsozialismus, Shoah, im Kontext von den Familiengeschichten meiner Schülerinnen, also Palästina-Bezug und im Kontext von Persönlichkeitsbildung von jungen Menschen ein interessantes Thema, weil es halt diverse Zugänge gibt, um sich mit eigenen Diskriminierungserfahrungen zu beschäftigen und eine Multiperspektivität einzuüben anhand beispielsweise des Nahost-Konflikts. Zu sagen, es gibt nicht nur die eine Wahrheit, sondern es gibt mehrere. Und ich muss halt gucken, wie ich mir meine Meinung dazu bilde. Und das ist ja ein hochaktuelles Thema, ein hochemotionales Thema und deswegen für mich ein guter Lerngegenstand."

Der_die Interviewpartner_in sieht Bildungspotenzial in einem thematischen Bogen, den er_sie vom Antisemitismus ausgehend assoziiert. Die Assoziationskette umfasst den „Kontext von einer deutschen Geschichte, Holocaust, Nationalsozialismus, Shoah, im Kontext von den Familiengeschichten meiner Schülerinnen, also Palästina-Bezug und im Kontext von Persönlichkeitsbildung von jungen Menschen". Die hier aufgerufenen, in historischer Verbindung miteinander stehenden thematischen Aspekte führen weg von der im Interview gestellten Frage nach dem eigenen Verständnis von Antisemitismus. Erklären lässt sich dies aus der Position der Nicht-Betroffenheit, aus der heraus der_die Lehrer_in beim Sprechen über Antisemitismus auf eine sich hier eröffnende Auseinandersetzung mit konstruktivistischen Perspektiven anhand des Nahost-Konflikts kommt, ohne auf die Wirkung antisemitischer Gewaltpraktiken einzugehen: „es gibt nicht nur die eine Wahrheit, sondern es gibt mehrere". Antisemitismus wird hier als universalistischer Lerngegenstand und Motivation zur Meinungsbildung begriffen, an dem sich im Unterricht das Thema der Multiperspektivität erarbeiten lasse. Aufgerufen werden die „deutsche[.] Geschichte" und die „Familiengeschichte meiner Schülerinnen, also Palästina-Bezug". Die familienbiografische Bedeutung wird hier ausgelagert an Schüler_innen, die mit „Palästina" in Verbindung gesetzt werden, während der Bezug zur Shoah als „deutsche Geschichte" ohne familiäre Verknüpfung abstrahiert wird. Antisemitismus erscheint dabei als intellektuell interessanter Aufhänger und Unterrichtsgegenstand, um weitere Themen zu besprechen. Gerade eine solche assoziative Verkettung in pädagogischen Paradigmen und schulischen Bearbeitungen des Themas „Nahost-Konflikt" sowie des Nationalsozialismus kann jedoch, wie Studien zur Perspektive von Juden_Jüdinnen zeigen (vgl. Zick et al. 2017; Bernstein 2018 et al.; Chernivsky et al. 2022), gewaltvoll auf jüdische Schüler_innen wirken.

An dieser Stelle geht es uns in erster Linie um den Befund, dass die befragten Lehrer_innen auf fragmentarische Wissensbestände und theoretische Konzepte zurückgreifen, um Antisemitismus als Phänomen einzuordnen. Ihre Eingrenzungen werden überwiegend aus einer dominanzgesellschaftlichen, nichtjüdischen Perspektive formuliert. Den Bezugspunkt ihrer Einordnungen bilden, auch bedingt durch ihre professionelle Rolle und den Interview-Kontext, der schulische Unterricht und das Nachdenken über Unterrichtsinhalte.

Ganz anders stellen sich die von Diffusität und Unklarheit charakterisierten Auffassungen von Antisemitismus dar, die Lehrer_innen in den Erzählflüssen der Einzelinterviews und in den Verläufen von vier der fünf Gruppendiskussionen äußern, als sie über Antisemitismus an ihren Schulen sprechen. Hier finden zwar Konzepte von Antisemitismus punktuell Anwendung, indem Situationen, wenn auch eher zögerlich, als möglicherweise antisemitisch eingeordnet werden. Direkt anschließend wird die Bedeutung der geschilderten Situationen aber überwiegend verrätselt, indem infrage gestellt wird, ob es sich wirklich um Antisemitismus handle. An verschiedenen Stellen in den Diskussionsverläufen tauschen sich Lehrer_innen intensiv darüber aus, dass Antisemitismus „ungreifbar" und eine „Fiktion" sei, dass sein Ursprung unklar und unerklärlich erscheine.

Die von uns befragten Lehrer_innen haben also einerseits Wissensbestände darüber, was Antisemitismus sein kann, wo dieser herkommt, und können diese Wissensbestände explizieren. Die expliziten Konzepte werden jedoch nur begrenzt auf den eigenen schulischen Alltag übertragen, wie im Folgenden genauer gezeigt wird.

5.2.1 Metaphorische Verdichtungen und Verrätselung: Der „ungreifbar[e]" Antisemitismus aus dem „Irgendwo"

In Metaphern wird eine Phänomendeutung verdichtet und vereinfacht, indem komplexe soziale Vorgänge sinnbildlich vergegenständlicht werden. In Metaphern bündeln sich Denkweisen, Empfindungen und Wahrnehmungen, weshalb sie Hinweise auf dominante Deutungsmuster geben und Praktiken legitimieren. Zugleich werden in Metaphern bestimmte Aspekte eines Phänomens hervorgehoben, während andere vernachlässigt bleiben oder ihre Wahrnehmung sogar verhindert wird. Metaphern bilden damit keine Wahrheiten ab, sondern verdichten dominante Deutungen in einem historisch-spezifischen Kontext (vgl. Schmitt 2017).

In den Gruppendiskussionen werden zahlreiche Metaphern zu Antisemitismus verwendet, deren gemeinsamer Quellbereich seine vermeintliche Nicht-Greifbarkeit und Unerkennbarkeit ist. Die Metaphern enthalten Bilder von beweglichen, unsichtbaren Substanzen. So wird Antisemitismus unter anderem als ein „Wabern" beschrieben und als kaum erkennbar. Eine Lehrkraft begründet dies damit, dass der „Ursprung" unklarer sei als bei anderen Diskriminierungsformen:

> „Also meistens kann man bei Diskriminierung, oder nicht bei-, also bei Stereotypen irgendwo den Ursprung rauskriegen. Und bei Antisemitismus ist es halt so, dass das so chimärisch ist, weil es einfach völlig-. Also man kann es nicht-. Man kann nicht sagen, ah, das kam halt daher und deshalb hat sich das so durchgesetzt. Das ist so einfach aus der Luft heraus."

In diesem Zitat erscheint Antisemitismus als „chimärisch", also als ein Trugbild mit verschiedenen Gesichtern, was „so einfach aus der Luft heraus" kommt. Zu diesem unklaren Phänomen lasse sich, im Unterschied zu anderen Diskriminierungsformen, „nicht sagen", woher es kommt. Der historisch überlieferte Judenhass in Deutschland wird in dieser und ähnlichen Sequenzen nicht mit gegenwärtigem Antisemitismus an der eigenen Schule und mit der eigenen Lebenswelt in Beziehung gesetzt, sondern erscheint kontextfrei.

5.2.2 Kein „innere[r] Kompass" für das Erkennen von Antisemitismus

Die Metaphern beinhalten auch die Vorstellung, für das Erkennen von Antisemitismus im schulischen Kontext seien besondere Erfahrungen und Fähigkeiten notwendig. So sagt eine Lehrkraft: „Also da habe ich auch viel weniger einen inneren Kompass, um damit umzugehen." Das Bild impliziert, dass sie bei anderen Themen einen solchen Kompass habe, der Handlungsrichtungen anzeige. Das empfundene Fehlen des „inneren Kompass[es]" in Bezug auf Antisemitismus kann dahingehend gedeutet werden, dass dieser mit der eigenen Wahrnehmung nicht verbunden wird. In der weiteren Sequenz dient die Erwähnung des fehlenden Kompasses als Erklärung für ausbleibende Reaktionen auf antisemitische Übergriffe.

Die Vorstellung, zum Erkennen von Antisemitismus besondere Erfahrungen und Kompetenzen zu benötigen, zeigt sich deutlich, als ein_e Lehrer_in die Schwierigkeit bei der Wahrnehmung von Antisemitismus damit vergleicht, dass er_sie aufgrund mangelnder Drogenerfahrung auch kein „Cannabis riechen" könne. Ein_e Lehrer_n reagiert darauf zustimmend. Er_sie könne antisemitische Verschwörungsmythen nur erkennen, weil der_die Partner_in sich damit intensiv beschäftige. Antisemitismus erscheint auch hier als ein fremdes, encodiertes Feld, welches zwecks Identifizierung besonderer Hilfsinstrumente bedarf.

In vier der fünf Gruppendiskussionen erörtern Lehrer_innen Antisemitismus als etwas Abstraktes. Sie tauschen sich darüber aus, wie „schwer" dieser zu erkennen und daher auch dagegen zu intervenieren sei. Hier wird mehrfach der Vergleich zum Rassismus gezogen, zu dem sich die Lehrer_innen selbst als handlungsfähiger wahrnehmen. Die Deutung vom „abstrakten" und „schwer greifbaren" Antisemitismus wird metaphorisch verdichtet. Insgesamt wird Antisemitismus als etwas Vielgestaltiges beschrieben, von dem unklar sei, wo es herkomme, und für dessen Erkennung die Interviewten besondere Erfahrungen oder Unterstützung bräuchten.

So diskutieren Lehrer_innen im selbstläufigen Gespräch, „woher" die Schüler_innen „es" eigentlich haben. Unter anderem werden die „sozialen Medien" als Quelle antisemitischer Sprachhandlungen ausgemacht:

> *Lehrer_in 1:* „Ich frage mich auch, was die Rolle der sozialen Medien dabei ist."
> *Lehrer_in 2:* „Da finden die ja den ganzen Quatsch erstmal. Von uns lernen sie es nicht."
> *Lehrer_in 3:* „Eben auch bei diesem Schüler, wo ich das erlebt habe, da ich eigentlich keinerlei familiären Hintergrund vermute für solche Äußerungen. Also irgendwo haben sie es ja her."

Die beiden Interviewpartner_innen gehen hier von einer expliziten, interpersonellen Vermittlung antisemitischer Bilder in der Familie aus. Denn „irgendwo" müssen sie „es ja her“ haben. Der Sequenzlogik zufolge gibt es Familien und Schulen, in denen junge Menschen antisemitische Denkmuster „lernen“, und welche, wo sie „es“ nicht „lernen“ und es „keinerlei familiären Hintergrund [...] für solche Äußerungen“ gibt. Es scheint an dieser Stelle eher keine Vorstellung darüber zu geben, wie sich Antisemitismus an und durch nichtjüdische Menschen in Deutschland strukturell vermittelt und wie er im Alltag tradiert wird. Neben sozialen Medien sind Familien und Bildungsinstitutionen entscheidende Orte, an denen ein implizites Wissen und spezifische Bilder von Juden_Jüdinnen in narrativen Praktiken weitergegeben und intergenerational tradiert werden (siehe 5.1). Diese Prozesse geraten aus dem Blick und die Weitergabe von Antisemitismus wird entpersonalisiert, wenn davon die Rede ist, Jugendliche würden „den ganzen Quatsch“ im Internet „finden“, als sei Antisemitismus etwas, das online einfach bereitliege und aufgefunden werden könne. Die sozialen Medien erscheinen als personenlos. Dass es Menschen sind, die antisemitische Inhalte alltäglich einstellen, verbreiten, hinnehmen und stehen lassen, bleibt in dieser Sequenz sprachlich außen vor. Ferner folgen Lehrer_innen der verbreiteten Vorstellung, Antisemitismus sei vorwiegend unter Jugendlichen zu finden.

5.2.3 Antisemitismus als „extrem schwer“ zu bearbeiten

In mehreren Gruppendiskussionen besprechen Lehrer_innen, dass Antisemitismus „überhaupt nicht greifbar“ und „diffus“ sei, dass er in seinen Formen „extrem schwer“ zu verstehen und es „so schwer“ sei, dagegen zu intervenieren. Dabei ziehen sie aus einer dominanzgesellschaftlichen Perspektive häufig den Vergleich zum Rassismus. Die Präsenz von als „muslimisch“ oder „arabisch“ eingeordneten Schüler_innen wird in den Diskussionen kontrastiert mit der (angenommenen) Abwesenheit oder nur vereinzelt bekannten Anwesenheit jüdischer Schüler_innen. Dabei besprechen Lehrer_innen anhand der als „muslimisch“ kategorisierten Schüler_innen, wie herausfordernd die Reflexion eigener Vorannahmen ist, und ziehen auch hier einen Vergleich zum „noch weniger greifbar[en]“ Antisemitismus.

> *Lehrer_in 1:* „[...] Ich meine nichtdiskriminierend mit unseren Schülerinnen und Schülern umgehen, die halt wie auch immer muslimische Wurzeln, sondern-. Also schon das ist schwierig. Wie soll ich denn dann Antisemitismus-? Also das-.“
> *Lehrer_in 2:* „Ja, ja. Was noch weniger greifbar, sozusagen-.“
> *Lehrer_in 1:* „Noch weniger greifbar ist und ja-.“

Die Vergewisserung unter den Lehrer_innen über die empfundene Abstraktheit des Antisemitismus wird in den Logiken der entsprechenden Diskussionsabschnitte auf die Abwesenheit von Juden_Jüdinnen zurückgeführt. Die Lehrer_innen begründen ihre Handlungsunfähigkeit daraus, dass dem Antisemitismus die personelle oder ereignisbezogene Verbindung fehle, wie es exemplarisch in der folgenden Sequenz deutlich wird:

> *Lehrer_in 1:* „Und das macht es dann natürlich noch viel schwerer das zu dekonstruieren, weil man-. Es ist nicht mal so richtig geknüpft an ein Ereignis, an eine Person. Es ist ja nicht einmal so richtig geknüpft an das Judentum selber. Es ist einfach irgendwie was anderes. Also ich weiß auch nicht mehr-. Also das finde ich fast noch schwieriger zu dekonstruieren als halt rassistische-. Also gegen Rassismus habe ich immer das Gefühl, da kann ich so ein bisschen was machen, so aber-. Aber bei Antisemitismus kann ich ja nicht einmal sagen: ‚Ja, guck mal-' Also ich meine, das ist jetzt wirklich übertrieben, aber: ‚Ja, guck mal, da ist jetzt ein Jude, der ist auch ganz nett.' Weil das hat ja oft überhaupt nichts miteinander-. Also Antisemitismus hat ja mit dem Jüdischsein fast nichts mehr-. Kommt gar nicht von da. Oder bezieht sich kaum auf das."
> *Lehrer_in 2:* „Das ist eine Fiktion."
> *Lehrer_in 1:* „Ja."

In dieser Sequenz wird Rassismus von dem_der Lehrer_in als „greifbar", präsenter und alltäglicher gedeutet als Antisemitismus, der als etwas diskutiert wird, was „nicht mal so richtig" an Personen, Ereignisse oder das Judentum „geknüpft" sei. Es erfolgt eine Entkontextualisierung, indem Antisemitismus von ereignis- oder personenbezogenen Verbindungen getrennt und als „irgendwie was anderes" beschrieben wird. Im kurzen Austausch der zwei Lehrer_innen über Antisemitismus als „eine Fiktion" drücken sich Wissensbestände darüber aus, dass Antisemitismus nicht auf Juden_Jüdinnen reagiert, sondern eine Projektion ist.

5.2.4 Antisemitismus im „luftleeren Raum" mit unklarem Grund

In den Gruppendiskussionen zeigt sich ein Wissen um die Geschichte des Antisemitismus bei gleichzeitiger Externalisierung und Verweisen auf unklare Gründe und diffuse Quellen. Exemplarisch dafür ist der folgende Ausschnitt, in dem eine Lehrkraft feststellt, dass eine bestimmte Form des Antisemitismus „extrem gesellschaftlich haltbar ist", und zugleich nach ihrem Ursprung sucht:

> „[…] wenn ich mich selber betrachte, glaube ich halt, dass es auch-, diese Verschwörungstheorien extrem gesellschaftlich haltbar sind. Also zum Beispiel [Nennung mehrerer antisemitischer Verschwörungsmythen]. Das sind so diffuse Bilder und Ideen, die immer noch da sind. Und wo ich nicht mal sagen könnte, wo konkret das jetzt herkommt. Aber das ist, als würde das so im luftleeren Raum stehen und sich selber

immer wieder regenerieren und regenerieren und hört irgendwie nicht auf. Und man weiß überhaupt nicht, wo-.
Also ich meine, es gibt natürlich konkrete Leute. Also wenn man sich anhört, dass Gauland sagte, der Holocaust sei ein Vogelschiss in der erfolgreichen tausendjährigen deutschen Geschichte, also da-. Okay, aber das steht auf einem anderen Blatt. Es ist natürlich, ja, unglaublich. Aber mal davon abgesehen, frage ich mich immer, wie hält sich das? Also dieses Verschwörungstheoretische und so. Wie kann es sein, dass sich das so festsetzt und so massiv ist und das nach wie vor ebenso eine Faszination ausübt und, ja, ich kann mir das nicht-. Ich weiß es nicht, ich habe manchmal das Gefühl, das ist überhaupt nicht greifbar und deswegen ist es so schwer dagegen auch was zu machen."

Der_die Lehrer_in weist in dieser Sequenz auf die „extrem[e] gesellschaftlich[e]" Haltbarkeit von antisemitischen Verschwörungserzählungen hin und auf den Eindruck, Antisemitismus würde sich im „luftleeren Raum" von selbst immer wieder „regenerieren". Erwähnt wird eine antisemitische Äußerung eines Politikers der AfD, womit eine einschlägig bekannte Personalisierung vorgenommen wird, von der die_die Interviewpartner_in sich abgrenzt. Er_sie kehrt von da aus zurück zu ihrem Eindruck, „das" sei nicht greifbar und begründet daraus die Schwierigkeit von Interventionen. Im Verlauf der Sequenz bleibt Antisemitismus de-personalisiert. Es wird, außer dem bekannten Politiker einer rechtsextremen Partei, keine Idee davon aufgerufen, durch wen und wie antisemitische Handlungen vollzogen und vermittelt werden. Die Entpersonalisierung legitimiert die Nicht-Intervention, die hier als eine Konsequenz aus der Abstraktheit erscheint.

5.2.5 Theoretische Wissensbestände über Antisemitismus und dessen Verrätselung im Praxisbezug

Die deutliche Differenz zwischen Konzepten über Antisemitismus, die Lehrer_innen auf direkte Nachfrage im Interview explizieren, und das häufig metaphorische Sprechen über die Ungreifbarkeit von Antisemitismus, wenn es um den schulischen Kontext geht, ist ein wesentlicher Befund, um die Schwierigkeit der Intervention zu begreifen. Eine mögliche Erklärung ist, dass Antisemitismus aufgrund der eingangs erwähnten Tabuisierung nach der Shoah eigentlich nicht sein darf. Es gibt ein beredtes Schweigen darüber; obwohl bekannt ist, dass es Antisemitismus gibt, wird der Bezug zum eigenen Alltag und schulischen Kontext überwiegend durch Relativierungs- und Distanzierungsschleifen unterbrochen. Insgesamt erscheint Antisemitismus als ein abstraktes Problem und weniger als eine gegenwärtige Bedrohung und Gewaltpraxis von und gegen Schüler_innen und ihre Familien an deutschen Schulen. Zugleich nehmen viele Interviewpartner_innen Antisemitismus wahr und benennen zahlreiche Situationen auf unterschiedlichen Ebenen. Im Folgenden werden einige Strukturmuster beleuchtet und vorgestellt, die sich in der Erzählung und Einordnung von Übergriffen sowie den eigenen Interventionsschilderungen gezeigt haben.

5.3 Schilderungen und Einordnungen von Vorfällen

Die in den Interviews geschilderten antisemitischen Situationen betreffen Beleidigungen und Bedrohungen, Äußerungen im Unterricht, in Kleingruppenarbeiten und in der Pause, Zeichnungen auf schulischen Artefakten wie Schulmobiliar oder Schulbüchern, Passwörter von Schüler_innen und Benennungen von Dateien in Kleingruppenarbeiten, Cyber-Mobbing im Klassenchat und einen Fall körperlicher Gewalt: „Und ein [...] jüdischer Schüler wurde verprügelt."

Inhaltlich überwiegen in den Situationen, die Lehrer_innen in Verbindung mit einer Intervention schildern, (Sprach-)Handlungen mit einem Bezug zum Nationalsozialismus. Weiter werden antisemitische Verschwörungsmythen als „häufig" geschildert: „[D]ie Verschwörung [ist] das Häufigste. Und das, worauf sich die meisten einigen können." Zudem tauschen sich Lehrer_innen in unterschiedlichen Gruppendiskussionen über israelbezogene Äußerungen aus und beschreiben Dynamiken wie im folgenden Zitat:

> „[...] es muss nur mal wirklich auch nur den leisesten Verdacht geben, dass das irgendwas mit Israel zu tun haben könnte oder mit Judentum. Es kommt immer eine große Diskussion."

Eine Begründung für diese Einordnungen könnte die Tendenz sein, dass Äußerungen mit eindeutigem Bezug zum Nationalsozialismus als problematisch identifiziert werden und eher Interventionen hervorrufen. Sie werden daher als abgegrenzter ‚Vorfall' erinnert und erzählt. Antisemitische Verschwörungsmythen und israelbezogene Affekte werden hingegen nicht als akut und strafrechtlich relevant eingestuft, aber dennoch von vielen Lehrer_innen als überaus präsent in ihrem Schulalltag wahrgenommen.

Im Weiteren vertiefen wir exemplarisch drei der im Material geschilderten Äußerungsformen des Antisemitismus, die besonders charakteristisch für den Kontext Schule erscheinen. Diese sind Antisemitismus im „Klassenchat", die Verwendung von „Jude als Schimpfwort" sowie die Präsenz antisemitischer Äußerungen im Schulalltag, die ein_e Lehrer_in als „Zwischendurch-Antisemitismus" zusammenfasste. Des Weiteren gehen wir auf die von den Lehrer_innen geschilderten Verhandlungen von Antisemitismus unter Schüler_innen sowie auf Deutungsmuster und Legitimationen von Antisemitismus durch Lehrer_innen ein, bevor wir im nächsten Schritt zu Strukturmerkmalen der Interventionsschilderungen kommen.

5.3.1 Antisemitismus im Klassenchat

Charakteristisch für den Kontext Schule ist, dass sich Lehrer_innen und Schüler_innen alltäglich in abgegrenzten, vorstrukturierten Situationen wie Unterricht, Pausen oder auch Ausflügen begegnen. Für Schüler_innen ist Schule nicht nur ein Ort, an dem sie durch die Schulpflicht gebunden lernen, unterrichtet oder betreut werden. Der Kontext Schule hat auch von den Lehrpersonen unabhängige soziale Bedeutungen, da Kinder und Jugendliche dort unterschiedliche Gleichaltrige treffen, sich mit ihnen auseinandersetzen, Freundschaften und Gruppen bilden. Viele der mit den sozialen Interaktionen unter Schüler_innen verbundenen Situationen und Orte entziehen sich der Wahrnehmung von Lehrer_innen oder sind diesen nicht direkt zugänglich. Dazu zählen Chatgruppen in Messenger-Diensten, in denen Schüler_innen über die konkreten Schulzeiten hinaus miteinander interagieren. Lehrer_innen sind kein Teil informeller Chatgruppen wie dem in den Interviews mehrfach erwähnten „Klassenchat". In diesem sind Schüler_innen einer Klasse Mitglieder einer Chat-Gruppe und verschicken beziehungsweise erhalten Kurznachrichten, Bilder und Videos. Antisemitismus in solchen Chats unter Schüler_innen wurde in den letzten Jahren in verschiedenen Bundesländern öffentlich. Auch im Rahmen der vorliegenden Studie erzählen mehrere Lehrer_innen, dass sie durch Meldungen von Schüler_innen oder deren Eltern von Antisemitismus im „Klassenchat" erfuhren. Sie mussten darauf reagieren, ohne selbst Zugriff auf die betreffenden Chat-Verläufe zu haben. So sagt ein_e Lehrer_in über einen antisemitischen Vorfall:

> „[...] ich habe es nicht gesehen. Ich konnte da nicht rein. Ich bin nicht Mitglied dieses Klassenchats."

Anhand zweier von Lehrer_innen erzählten Situationen diskutieren wir das Spezifische dieser Äußerungsform von Antisemitismus an Schulen, die virtuell erfolgt, Menschen zugleich konkret attackiert, und für die Verantwortlichen nur durch Hinweise zugänglich wird.

Beispiel 1: Montage im Klassenchat

Eine Situation betrifft eine Montage im Klassenchat, die sich gezielt gegen „eine jüdische Schülerin" richtet:

> *Lehrer_in 1:* Da gab es nämlich eben den gelben Diskriminierungsstern der Nazis. Und da wurde eine jüdische Schülerin reinmontiert mit ihrem Namen. Ein Stern, der deinen Namen trägt. Und das wurde verschickt.
> *Lehrer_in 2:* Hier bei uns?

Lehrer_in 3: Nein?

Lehrer_in 1: Hier bei uns. In der neunten Klasse.

In diesem Fall wurde eine Schülerin online als Jüdin angegriffen, wobei ein_e oder mehrere Mitschüler_innen einen unmittelbaren Bezug zum Nationalsozialismus herstellten. Ein Schlagertitel aus der Gegenwart („Ein Stern, der deinen Namen trägt") wurde verwendet und mit einem antisemitischen Verfolgungssymbol („den gelben Diskriminierungsstern der Nazis") antisemitisch umgedeutet. In dieser Handlung wurde im virtuellen Raum des „Klassenchat" ein Verfolgungsverhältnis reproduziert zwischen nicht-jüdischen und jüdischen Menschen in Deutschland. In den spontanen Nachfragen in der Gruppendiskussion („Hier bei uns?", „Nein?") vermitteln die beiden anderen Lehrer_innen, dass sie von dem Vorfall an ihrer Schule noch nicht gewusst hätten und überrascht seien. Die gezeigte Überraschung kann als Distanzierung gedeutet werden, die dem Fakt gilt, dass ein eindeutig antisemitischer Vorfall „hier", also an ihrer Schule, in der sie gerade über Antisemitismus diskutieren, stattgefunden habe. Gemeldet wurde der Post im Klassenchat durch die Eltern der Schülerin, die aber, der Darstellung der Lehrkraft zufolge, um eine gemäßigte Reaktion gebeten habe. Eine weitere Intervention bestand aus einem verpflichtenden Besuch einer Gedenkstätte zum Nationalsozialismus mit einer anschließenden Aufgabe für die beiden Schüler_innen, die an dem Post direkt beteiligt waren. Die Lehrkraft erzählt dies wie folgt:

> „[...] und haben dann eben die Ausstellung besucht. Und die hatten den Arbeitsauftrag eben über diesen gelben Stern zu referieren. Wo ist der eigentlich in Berlin entstanden. In Neukölln gibt es diese Firma, die sich bereichert eben auch den produziert hat. Und dann hat der vor der Klasse sein Referat gehalten und dann war das auch okay. Und wir hatten tatsächlich nicht den Eindruck und da bin ich also von der Palme auch wieder runtergekommen deutlich, dass das nun hier Nazi-Tun war. Das war sicher dieses latente Tabubrechende, was für mich in den letzten fünf, sechs Jahren deutlich mehr über dieses Thema Juden gespielt wird. Also da muss man auch hingucken, dass man mit dem richtigen Besteck dann auch da ran geht."

Die Intervention erfolgte hier durch die Anregung eines Bildungsmoments in Form des gemeinsamen Besuchs einer NS-Gedenkstätte. Dies wurde verbunden mit der Aufgabe eines Referats, was in diesem Kontext entweder als Anregung zur weiteren Auseinandersetzung verstanden werden könnte oder auch als eine Form von Strafarbeit. Der_die Lehrer_in zeigt den Kolleg_innen in der Gruppendiskussion und den anwesenden Forscher_innen, wie ernst er_sie den Übergriff genommen habe, indem er_sie betont, nach dem Referat der Schüler_innen „von der Palme auch wieder runtergekommen" zu sein. Dieses in der Sequenzlogik erfolgreiche Fazit zur Intervention, begründet der_die Lehrer_in mit dem

Eindruck, dass es in dem Fall nicht um „Nazi-Tun“ ging, sondern um dieses latente „Tabubrechende“. Bewertet wird der Fall also als eine pubertäre Geste des Tabubrechens. Mit der Einordnung, dass sich der Tabubruch auf das „Thema Juden“ beziehe, ist nicht mehr erkennbar, dass es in der Montage nicht um ein allgemeines „Thema“ ging, sondern dass eine reale Person, eine jüdische Schülerin aus der Klasse attackiert wurde.

Die Intervention zielte auf die Anregung einer Auseinandersetzung mit dem historischen Hintergrund des eingesetzten Symbols aus dem Nationalsozialismus und richtete sich damit an die Schüler_innen, die online Gewalt ausgeübt haben. Wie es der jüdischen Schülerin nach dem Vorfall ging, wie sie und ihre Eltern die Intervention abschließend bewertet und erlebt haben, und ob mit ihnen noch weitere Gespräche erfolgten, bleibt in der Schilderung der Lehrkraft offen. Die Betroffenen tauchen in der Darstellung nach der Meldung des Übergriffs durch die Eltern nicht mehr auf. Die Bearbeitung findet ausschließlich zwischen den nicht-jüdischen bzw. nicht-betroffenen Beteiligten statt. Dass die Betroffenen in den Interventionen gegen Antisemitismus durch Lehrer_innen überwiegend außen vor bleiben, zeigt sich als ein wesentliches Strukturmerkmal der Interventionsschilderungen im Material (siehe auch Kapitel 5.4).

Beispiel 2: Antisemitische Sticker im Klassenchat

In der Schilderung eines weiteren ‚Vorfalls‘ aus dem „Klassenchat“ sind die antisemitischen Bilder und Äußerungen im Chat nicht gegen eine_n bestimmte_n Schüler_in gerichtet, sondern es sind „antisemitische Sticker“, die „herumgehen“. In diesem Fall erfolgte eine Meldung durch ein nicht-betroffenes Elternteil:

> „In meiner Klasse zum Beispiel, da schrieb mich ein Vater letzthin an und hat geschrieben, dass über den Klassenchat ebenso antisemitische Sticker herumgehen. Also mit antisemitischem Inhalt. Und er wollte, dass ich eingreife, obwohl der Klassenchat ja nicht unsere Sphäre ist sozusagen. Und er hat gesagt, er möchte aber nicht, dass der Junge erkennbar ist als derjenige, dessen Vater das gemeldet hat. Und dann habe ich eine E-Mail geschrieben an die Eltern. Und habe gesagt, dass es nicht in ihrem Interesse sein kann, dass so Inhalte eben im Klassenchat kursieren. Und dass sie sicher eine andere Haltung auch dazu haben. Und sich auch nochmal drum kümmern. Und so weiter. Das Ganze, was dazu gehört. Die strafrechtlichen Dinge, dass sie mitverantwortlich sind für den Inhalt, weil die Kinder einfach noch nicht das entsprechende Alter haben. Ein paar haben dann sich zurückgemeldet. Zwei waren es. Die sich dann bedankt haben, dass sie darauf aufmerksam geworden sind. Die Kinder selber-. Ich hatte es natürlich dann auch in der Klasse angesprochen. Und hab das moniert. Und darüber gesprochen. Und die Kinder meinten, sie hätten das geschlossen und wieder

jetzt neu eröffnet. Und so weiter. Und das wäre jetzt erledigt sozusagen. Und dann sagten viele auch, na ja, das war aus einer Gedankenlosigkeit."

Deutlich wird hier eine zweifache Zurückhaltung in der Intervention: So ist zum einen die Zuständigkeit für die Intervention in der Erzählung nicht sofort eindeutig. Die Lehrkraft schildert, dass der Vater „wollte, dass ich eingreife, obwohl der Klassenchat ja nicht unsere Sphäre ist sozusagen". Der Klassenchat erweist sich hier als ein Zwischen-Ort, der sich den pädagogischen Zugriffen der Erwachsenen entzieht, und für den sowohl Eltern als auch Lehrer_innen pädagogisch zuständig sein könnten oder auch nicht. Die Verantwortlichkeit für die Intervention gegen Antisemitismus erscheint unklar.

Auch von Seiten des Vaters drückt sich eine Vorsicht in der Intervention aus. Er möchte sichergehen, dass für sein Kind keine Nachteile aus der Thematisierung von Antisemitismus im Klassenzusammenhang entstehen, es solle „nicht erkennbar" sein, dass sein Vater die Chat-Inhalte gemeldet habe. Diese Doppelung und die gleichzeitige Vorsicht in der Zuständigkeit drücken sich dann auch im ersten Schritt der Intervention aus: Der_die Lehrer_in appelliert durch eine Rundmail an die Verantwortung der Eltern, die „sich auch nochmal drum kümmern" sollen. Damit teilt sie_er die pädagogische Zuständigkeit für die Intervention mit den Eltern und antizipiert einen anti-antisemitischen Konsens, indem expliziert wird, dass die Eltern „sicher eine andere Haltung auch dazu" hätten. Überdies verweist er_sie auf die strafrechtliche Relevanz antisemitischer Chat-Inhalte und die Verantwortung der Eltern für die Verbreitung von Inhalten, die ihre Kinder verschicken. Aus der Elternschaft einer ganzen Schulklasse reagieren darauf, so die Schilderung, lediglich zwei Eltern. Weiter wird ein Gespräch mit Schüler_innen „in der Klasse" erwähnt. Die Narration endet mit der Wiedergabe der Erklärung vieler Schüler_innen, wonach die antisemitischen Inhalte „aus einer Gedankenlosigkeit" verschickt worden seien. Ob und inwieweit sich mit den „antisemitische[n] Inhalt[-en]" über eine moralisch-appellative Intervention der Lehrkraft hinaus genauer auseinandergesetzt wurde, bleibt in der Schilderung vage, jedoch sei „darüber gesprochen" worden und die Schüler_innen werden als einsichtig beschrieben, da sie den betreffenden Chat geschlossen hätten.

Gegen Antisemitismus im Klassenchat wird in dieser Schilderung von dem_der Lehrer_in umfassend interveniert, indem er_sie den Vorfall gegenüber Eltern und Schüler_innen thematisierte. Damit wurde Antisemitismus durch den_die Lehrer_in ernst genommen und die rechtliche Illegitimität aufgezeigt. Der Fokus der Intervention lag auf einer Verständigung darüber, dass antisemitische Inhalte nicht geteilt werden dürfen und auf Versuchen einer Vergewisserung darüber, dass Eltern, Lehrer_in und Schüler_innen hierzu eigentlich auch eine ähnliche Haltung haben. Die Schüler_innen vollziehen diese Verständigungspraxis mit, indem sie die Erklärung der „Gedankenlosigkeit" anbieten. Antisemitische Inhalte erscheinen damit als etwas, was aus Versehen verbreitet werden kann, während verkannt wird, dass sie eine soziale Funktion haben und mit Empfindungen und Entscheidungen der Schüler_innen verbunden sind. „Gedankenlosigkeit“ impliziert, dass es um etwas geht, was nicht Teil der Gedankenwelt der Schüler_innen ist, sondern ihnen aus Versehen widerfährt. Diese Distanzierung von eigenem Empfinden und Erleben sowie das Aufrufen eines potenziellen Versehens stehen für eine Struktur, die sich in der Deutung und Bearbeitung von Antisemitismus an der Schule durch das gesamte Datenmaterial zieht. Auch in diesem Beispiel wird Antisemitismus eindeutig erkannt und pädagogisch wie strafrechtlich problematisiert, bevor er dann in der Erklärung der „Gedankenlosigkeit“ harmonisiert und entschärft wird. Darin drückt sich möglicherweise auch das Bedürfnis (des_der in der Fallschilderung erwähnten Lehrer_in, Eltern, Schüler_innen) aus, in Bezug auf Antisemitismus unschuldig zu sein (vgl. Jureit/Schneider 2010) beziehungsweise nicht beschuldigt zu werden (vgl. Messerschmidt 2018). Das Bedürfnis nach Unschuld (vgl. Chernivsky 2017) zeigt sich unter anderem in der Externalisierung und eingenommenen Distanz als Teil der Intervention. Vor dem Hintergrund der (kollektiv-)biografischen Einsozialisierung nichtjüdischer Lehrer_innen ohne Migrationsbiografie ist dieser Fokus und die darin enthaltende Distanzierung und Abgrenzung von Antisemitismus sinnstiftend und schlüssig. Zugleich ist zu fragen, was die Beteiligten aus der Intervention mitnehmen und was sie dabei (nicht) erfahren. So hätte ein anderes Resultat der oben beschriebenen Intervention sein können, die Situation zum Anlass zu nehmen, um antisemitismuskritische Bildungsprozesse anzuregen und mit den Schüler_innen zu reflektieren, was ihr Empfinden beim Lesen und Verschicken der Sticker war; welche Emotionen damit verbunden waren, warum die Sticker antisemitisch sind, welche Funktion die darin abgebildeten Inhalte haben und in welchen historischen und gesellschaftlichen Bezügen diese stehen. Inwieweit die Lehrkraft, von der das obige Zitat stammt, solche Reflexionen vollzogen hat oder nicht, lässt sich anhand der Schilderung nicht vollständig rekonstruieren, die Interpretationen beziehen sich daher auf die Darstellung der Intervention und die darin deutlich werdenden Handlungsmuster.

Über die einzelnen Schilderungen von Antisemitismus in Chatgruppen hinaus finden sich im Material Deutungen und Einordnungen von Lehrer_innen darüber, was den online artikulierten Antisemitismus von Schüler_innen charakterisiere und von den in Anwesenheit von Erwachsenen offen gezeigten antisemitischen (Sprach-)Handlungen unterscheide. Exemplarisch dafür ist die folgende Sequenz:

> *Lehrer_in 1:* „[...] Also ich glaube gerade bei Schülerinnen und Schülern aus sehr gut bürgerlichen Haushalten ist es häufig so, dass sie vielleicht auch ein Stück weit den Intellekt haben zu unterscheiden, was darf ich sagen und was nicht.
> *Lehrer_in 2:* „Und dass man dadurch häufig bestimmtes Gedankengut in der Schule vielleicht gar nicht abgreifen kann. Das zeigt sich dann in solchen Klassenchats.“

Lehrer_in 1: „Ja, aber das ist Doofheit. Also das ist kein intellektueller Antisemitismus. Wenn es den überhaupt gibt."

Lehrer_in 3: „Nein, den gibt es nicht. (lacht) Hoffentlich. Ich meinte, dass die Schüler vielleicht zu schlau sind im Unterricht das kundzutun, was sie denken."

(Die wissen was erwünscht ist.) Genau. Im Klassenchat, wo kein Lehrer irgendwie mit dabei ist-."

In dieser Sequenz diskutieren die Lehrer_innen die Grenzen dessen, was sie in ihrer Rolle an Antisemitismus unter Schüler_innen überhaupt wahrnehmen können und führen dies auf Praktiken von Schüler_innen zurück, die soziale Unerwünschtheit von antisemitischen Äußerungen zu antizipieren und daher eher nicht im Unterricht zu tätigen. Dabei wird eine Differenzierung vorgenommen zwischen den von Lehrer_innen als bürgerlich klassifizierten Schüler_innen, die „wissen was erwünscht" sei und antisemitische Äußerungen außerhalb der Wahrnehmung der Lehrer_innen artikulierten, nämlich im Klassenchat, „wo kein Lehrer irgendwie mit dabei ist", und den anderen, als weniger „schlau" eingeordneten Schüler_innen. Diese Relationierung von Schüler_innen, der ihnen zugeschriebenen intellektuellen Fähigkeiten und ihrer Praktiken im Umgang mit Antisemitismus findet sich ähnlich in den Gruppendiskussionen einer anderen Studie, in der die Auseinandersetzung von Lehrer_innen mit der Shoah untersucht wird (vgl. Lorenz et al. 2021). Aus der Lehrer_innenperspektive macht diese Differenz zwischen online und offline, zwischen latenten und offen gezeigten antisemitischen Handlungen sicherlich einen großen Unterschied aus, da sich ihre Zugänge zu den Schüler_innen und ihre Interventionsmöglichkeiten entlang dieser Differenz stark unterscheiden. Für die von Antisemitismus betroffenen Schüler_innen verschränken sich indessen online und offline ausgeführte antisemitische (Sprach-)Handlungen, gehen ineinander über und wirken bedrohlich und verletzend.

5.3.2 Jude als Schimpfwort

In den Erzählungen der Lehrer_innen zeigt sich der Begriff ‚Jude' im schulischen Alltagsgebrauch in einer ständigen Doppelbedeutung. Er wird insbesondere im Unterricht als Beschreibung einer (religiösen) Zugehörigkeit verwendet und zugleich im überwiegenden Teil der Einzelinterviews und Gruppendiskussionen als routinierte Beschimpfungspraktik unter Schüler_innen im Schulalltag geschildert. Dabei wird an einigen Stellen des Materials erkennbar, wie das Wort Jude vor dem Hintergrund seiner potenziellen Einsetzbarkeit als Beschimpfung und der gleichzeitigen vermeintlichen Abwesenheit von Jüdinnen_Juden im Schulalltag als etwas Anstößiges oder Irritierendes aufgenommen wird. Die ist teilweise auch dann der Fall, wenn der Begriff in seinem eigentlichen Sinne zur Beschreibung einer soziokulturellen Zugehörigkeit verwendet wird. Deutlich wird dies in Schilderungen wie der folgenden, in der eine Lehrkraft erzählt, dass sie lachende Reaktionen durch einzelne Schüler_innen wahrnehme, wenn sie den Begriff Jude im Unterricht verwende. Auf Nachfrage hin werde klar, dass die Schüler_innen ihr Lachen nicht näher erklären konnten oder wollten, was auf eine affektive Reaktion und Irritation vor dem Hintergrund der doppelten Semantik des Begriffs an Schulen verweist:

> „Dennoch ist es so, wenn man das Wort Jude erwähnt in einem Zusammenhang, dann lachen einige, einfach so. Also nicht viele, aber es lachen einige. Und warum lacht ihr denn? Ach nur so."

Zugleich gibt es auch einige Lehrer_innen, die berichten, diese Beschimpfungsform an ihrer Schule nicht selbst erlebt oder nur selten durch andere Personen davon gehört zu haben. Häufigkeit und Situationen, in denen die Beschimpfung eingesetzt wird, sind in schulspezifischen Praktiken unterschiedlich ausgeprägt. So reicht die geschilderte Bandbreite von „Jude als Schimpfwort, das fällt auch ab und zu mal im Unterricht" bis zu Aussagen, es würde „immer" im Unterricht fallen. Einige Lehrer_innen erwähnen insbesondere den Unterricht als Ort, wo sie die Beschimpfung hören, wieder andere erzählen, dass es eine Beschimpfung sei, die sie nur außerhalb des Unterrichts unter Schüler_innen hören: „das Schimpfwort, du Jude, höre ich immer nur auf dem Schulhof. Ich habe das im Unterricht noch nie erlebt."

Einige Lehrer_innen schildern eine Zunahme der Beschimpfung in den letzten zwei Jahrzehnten und nehmen wahr, dass die Äußerung oftmals im Zusammenhang mit israelbezogenen Abwertungen und Diskussionen von politischen Konflikten in Israel und Palästina falle, wie in der folgenden Sequenz erklärt wird:

> „Und dann ist es natürlich so […] dass natürlich dann nochmal, sozusagen zusätzlich ebenso das Thema-. Also, Antisemitismus als Form von, oder im Zusammenhang mit Israelkritik sozusagen eine sehr große Rolle spielt. Also es gibt sozusagen seit-. Man kann sozusagen bestimmte politische Entwicklungen im Nahen Osten, also Nahostkonflikt sozusagen-. Der wirkt natürlich auch auf die Schülerinnen und Schüler hier durch. Und so bestimmte Schimpfwörter, so wie: ‚Du Jude.' Oder eben auch sehr stark anti-israelische, antisemitische Äußerungen. Das gibt es hier eigentlich sozusagen, so spätestens, sagen wir mal seit der Jahrtausendwende oder so, der-, Quatsch-. Ja, also gibt es das so immer wieder."

In dieser Einordnung der Beschimpfung zeigen sich typische Strukturmuster des Sprechens über Antisemitismus an Schulen, wonach antisemitische (Sprach-) Handlungen als „Quatsch" banalisiert werden. Zudem wird ein Einbringen theoretischer Wissensbestände im Sprechen über Übergriffe an Schulen deutlich, indem die Darstellung einer Praktik von Schüler_innen kategorisiert wird als „Antisemitismus als Form von, oder im Zusammenhang mit Israelkritik sozusagen“.

Im Laufe der Gruppendiskussion resümiert ein_e Lehrer_in, wie er_sie in der Diskussion „merke“, dass auch die anderen diskutierenden Kolleg_innen solche Beschimpfungen beobachten:

> „Denn ich merke ja auch, also als Lehrkraft im Haus, dass es jeden von uns betrifft, also speziell dann, ist man echt machtlos gegen, wenn man einfach Pausenaufsicht hat und irgendwer rennt auf dem Flur herum und schreit zu irgendeinem anderen Schüler: ‚Ich mache dich fertig, du Jude‘. Also das haben Sie ja wahrscheinlich oft, dass das an vielen Schulen einfach so passiert. Und hinter dem Begriff Jude steckt eben nichts eigentlich, es ist eine Hülle.“

Aus der Vergewisserung unter Kolleg_innen heraus thematisiert der_die Lehrer_in in verallgemeinerter Form („man“) die eigene Machtlosigkeit in der Intervention in unübersichtlichen Situationen wie der Pausenaufsicht. Im Anschluss an eine eindeutige Benennung der Begriffsverwendung wendet er_sie sich an die Forscher_innen und äußert die Annahme, dass „das an vielen Schulen einfach so passiert“. In der Sequenzlogik erscheint die eigene Schule durch diese Vergewisserung nicht mehr als besonders antisemitisch. Stattdessen wird in der Formulierung die Beschimpfung normalisiert als etwas, das es „an vielen Schulen“ gebe, und zugleich kontextfrei und personenlos dargestellt („einfach so passiert“). Am Ende der Sequenz erfolgt eine für das Material typische Relativierung (siehe 5.3) in Form des metaphorisch formulierten Resümees, dass hinter dem Begriff Jude eigentlich nichts stecke, er sei „eine Hülle“.

Lehrer_innen formulieren in den Interviews auch eigene Deutungen und subjektive Theorien zur Begriffsverwendung. So heben sie hervor, dass in der Beschimpfung eine „Intensität“ spürbar werde. Diese Wahrnehmung einer emotionalen Verdichtung wird durch eine Lehrkraft wie folgt ausgeführt:

> „Das ist unter denen oft einfach ein Thema. Dass man dann mitbekommt, dass die sich dann gegenseitig als Jude beschimpfen. Und wie gesagt, es geht auch wirklich, habe ich schon einmal gesagt, nicht wirklich darüber hinaus. Also es sind immer Situationen, wo irgendjemand sagt, er hasst alle Juden. Und man spürt diese Intensität. Aber es kommt auch nicht viel mehr. Aber es ist intensiv. Und wenn die das untereinander, zum Beispiel, sich jetzt gegenseitig beschimpfen als: ‚Du Jude‘, ‚Du Jüdin‘, eigentlich nicht. Aber ‚Du Jude‘-. Dann ist das einfach ein Schimpfwort für die.“

Am Ende der Sequenz erfolgt eine für das Material charakteristische Relativierungsschleife, die oftmals im Anschluss an eine explizite Benennung von antisemitischen Strukturen an Schulen erfolgt. So endet obige Sequenz relativierend, indem „Du Jude“ als „einfach ein Schimpfwort für die“ Schüler_innen eingeordnet und dabei historisch entkontextualisiert wird. Die Wahrnehmung einer Verdichtung führt eine weitere Lehrkraft aus, indem sie eine subjektive Theorie zur Reduktionsfunktion der Beschimpfung äußert:

> „[...] Wenn sie nur noch ein Wort sagen, und ich meine das so, und am Ende kommt dann raus, da kommt nicht: Du bist ja saudumm und so blöd wie-. Also, da kommen nicht tausend Wörter, da kommt: Jude. Und das ist die Reduktion. Da kommt nichts weiter. [...] Und das sind die Schüler, sie erreichen sie mit dem einen Wort. [...] Und zerstören sie mal das eine Wort, das ist wie eine Atomspaltung, die kriegen sie nicht hin.“

Der Begriff Jude als Schimpfwort erscheint in diesen und ähnlichen Deutungen der Lehrer_innen als etablierte, fest im Sprachgebrauch und im sprachlichen Empfinden eingelassene Beschimpfung, die von einer „Intensität“ und „Reduktion“ gekennzeichnet und unzerstörbar sei. Ergänzend zu dieser Rekonstruktion der Deutungen durch Lehrer_innen scheint es sinnvoll, sich dem Phänomen aus semantischer Perspektive zu nähern. Sprachlich gesehen folgen antisemitische Äußerungen, so auch der Ausdruck „Du Jude“, einer bestimmten Semantik und Struktur: Diese ergibt sich durch historisch konstruierte und gesellschaftsinhärente Gruppenkonstruktionen, die auch jenseits der situativen Beschimpfung zumindest für die Sprecher_innen funktioniert. Bei ‚Du Jude‘ stehen auf der einen Seite ‚die Juden‘ und auf der anderen Seite die Sprecher_innen, die sich dadurch als ‚Wir-Gruppe‘ von der ‚Fremdgruppe‘ der Juden abgrenzen können. Solche Grenzziehungen sind keineswegs neutral, sondern sie sind mit (ab-)wertenden Zuschreibungen verknüpft, die jederzeit aktiviert und eskaliert werden können. Eine solche Differenzkonstruktion zwischen einer ‚Wir-Gruppe‘ und ‚den Juden‘ erfüllt eine Funktion für diejenigen, die sich antisemitisch äußern: Wer abwertend über Juden redet, wertet sich selbst auf und ordnet sich einer (vermeintlich überlegenen) Gruppe zu (vgl. zu antijüdischen Differenzkonstruktionen Schäuble 2016). Insgesamt wird deutlich, wie das Wort „Jude“ im Kontext Schule einen zweiten Sinn erhält und als verbales Gewaltinstrument gegenüber Mitschüler_innen eingesetzt wird.

5.3.3 „Zwischendurch-Antisemitismus“

Hinsichtlich ihres Ausmaßes werden antisemitische Handlungen von Lehrer_innen aus einigen Schulen eher als selten beschrieben, in anderen als Alltag und „ständig[es] Thema“. Die von vielen geschilderte Präsenz antisemitischer Bemerkungen und Anspielungen, die sie in Situationen wie Kleingruppenarbeiten, während der Pausenaufsicht oder auf dem Gang hören, verdichtet ein_e Lehrer_in in der Rede vom „Zwischendurch-Antisemitismus“:

> „Oft kennt man den Schüler auch überhaupt nicht. Und kriegt das wie gesagt nur so im Durchgang mit. [...] Und es ist tatsächlich eine Großzahl der Sachen, die ich jetzt erinnere, sind wirklich solche, so ein Zwischendurch-Antisemitismus. Das ist ganz häufig. Und ich glaube, das macht es auch so gefährlich. Denn es sind einfach völlig unbedacht gesagte Dinge, die in die Alltagssprache reinfließen. Und die einfach ganz normal werden und die einfach integraler Bestandteil des jugendlichen Lebens in der Bundesrepublik ist.“

In der Rede von einem normalisierten „Zwischendurch-Antisemitismus“ drückt sich die Deutung aus, dass sich Antisemitismus im Wortsinn durchziehe und als eingebettet in das schulische Alltagsgeschehen erscheine. Diese Wahrnehmung erhöht möglicherweise die Hürde zur Intervention. Etwas zwischendurch Wahrgenommenes lässt eher offen, ob ich reagiere, oder ob die parallelen Ereignisse links und rechts davon gerade relevanter sind. Die Einordnung antisemitischer Äußerungen als „einfach völlig unbedacht gesagte Dinge“ folgt der im Material verbreiteten Relativierung antisemitischer Äußerungen als „Gedankenlosigkeit“. Zugleich drückt der_die Lehrer_in sein_ihr Wissen darüber aus, dass Antisemitismus Teil von „Alltagssprache“, normalisiert und ein „einfach integraler Bestandteil des jugendlichen Lebens in der Bundesrepublik“ sei. Hier zeigt sich noch mal deutlich die Doppeldeutung in der Identifikation und Einordnung antisemitischer Sprachhandlungen.

5.4 Deutungen von Antisemitismus an Schulen durch Lehrer_innen

Die interviewten Lehrer_innen nehmen im Verlauf der Einzelinterviews und Gruppendiskussionen zahlreiche Deutungen und Einordnungen vor, um das Phänomen Antisemitismus an Schulen zu erklären. Hierbei greifen sie auf Alltagstheorien zurück, auf professionelle pädagogische Wissensbestände sowie auf Deutungen, die aus ihrer Perspektive auf Schüler_innen und im Kontext Schule naheliegend sind und möglicherweise auch entlastend wirken. Vier häufig auftretende Deutungen legen wir hier vertiefend dar: Funktionalität von Antisemitismus als „Vereinigungsmoment“ unter Schüler_innen, Antisemitismus als Pubertätsproblem, die Kontextualisierung mit dem Erstarken der neuen Rechten sowie die Annahme, dass Antisemitismus von Lehrer_innen nur begrenzt wahrgenommen werden könne, da viele Schüler_innen diesen im Unterricht nicht zeigen würden, sondern nur in informelleren Kontexten.

5.4.1 Antisemitische Äußerungen als „Vereinigungsmoment" unter Schüler_innen

Im Verlauf einiger Gruppendiskussionen diskutieren die teilnehmenden Lehrer_innen Antisemitismus hinsichtlich seiner bindenden sozialen Funktion unter Schüler_innen. Dieser wird dabei in verschiedenen Formulierungen als ein „Vereinigungsmoment gegen sozusagen eine dritte Gruppe" beschrieben. Diese Funktion erhalte Antisemitismus unter Schüler_innen, die sich ansonsten entlang anderer sozialer Zugehörigkeiten und Zuschreibungen diskriminierten. Als beispielhafter Kontext für einen solchen „Vereinigungsmoment[s]" wird unter anderem eine Unterrichtseinheit zu Religionen als Situation diskutiert:

> „Ich hatte so eine siebte Klasse. Da waren dann die Religionen Thema. Und also dann halt schon so die Hauptreligionen und dann war es wirklich so, dass ich hatte halt keine, oder, da haben sich halt keine jüdischen Schülerinnen und Schüler geoutet. Und dann hatte ich halt quasi christliche und muslimische Schüler. Und die haben sich dann tatsächlich irgendwie so miteinander vereinigt und dann tatsächlich antisemitische Äußerungen gebracht."

In dieser Erinnerung an eine Unterrichtssituation erscheinen jüdische Schüler_innen als abwesend oder zumindest nicht „geoutet". Sie fehlen in der Behandlung der „Hauptreligionen". In der Sequenzlogik bleiben die „quasi christliche[n] und muslimische[n] Schüler" als Repräsentant_innen der anderen (monotheistischen) Religionen, die sich in antisemitischen Äußerungen verbinden und dadurch scheinbar eine einheitliche soziale Gruppe bilden. In ähnlicher Form wird die Bearbeitung von Religionen im Unterricht sowohl in der Familienstudie durch Betroffene als auch in der Studie mit Lehrer_innen als Kontext für antisemitische Erfahrungen beziehungsweise Äußerungen erwähnt. Dennoch wird gerade die religiöse Bildung im Unterricht von Lehrer_innen oft als Ansatzpunkt gegen Antisemitismus an Schulen genannt.

Verschiedene Lehrer_innen deuten antisemitische Äußerungen im Schulalltag zudem als eine Form von situativem „Befriedungsangebot" unter Schüler_innen, die ansonsten untereinander entlang verschiedener Zuschreibungen und Zugehörigkeiten in Konflikt miteinander gingen. Ausführlicher erklärt wird diese „Art von Konfliktmanagement" durch eine_n Lehrer_in im folgenden Ausschnitt:

> „Und ich habe das Gefühl, manchmal ist es wie so ein Befriedungsangebot. Untereinander. Jetzt lass uns doch, anstatt, dass wir uns hier die Köpfe einschlagen, einfach mal über jemanden schimpfen, mit dem wir alle nicht klarkommen. Und das ist eine sozusagen strukturell gute Lösung ist dann immer über den Staat Israel zu reden. Weil dann können sich dann alle einigen. Ja. Das glaube ich-. Darauf zielt der Satz, Juden mag ja eh

keiner. Und zumindest kenne ich Situationen, in denen das sozusagen wie so eine Art von Konfliktmanagement genutzt wird, um den eigenen Konflikt zu befrieden."

In ähnlichen Zusammenhängen teilen Lehrer_innen in den Gruppendiskussionen ihre Beobachtung, dass sich im Unterricht zwar nur einzelne Schüler_innen antisemitisch äußerten, die anderen aber nicht darauf reagieren würden, was als eine schweigende Zustimmung wirke. In einer Gruppendiskussion werden hierzu jedoch unterschiedliche Wahrnehmungen deutlich. So tauschen sich zwei Lehrer_innen aus:

> *Lehrer_in 1:* „Und es gibt so ein Grundeinvernehmen dabei. Es meldet sich-, ich habe es noch nicht erlebt, dass sich da jemand dagegen zu Wort meldet. Selten erlebt. Mir fällt jedenfalls kein Beispiel ein. So sind diejenigen, die nichts dazu sagen, da muss ich ja davon ausgehen, die sind damit einverstanden. [...]"
> *Lehrer_in 2:* „[...] Und in meinen Klassen ist es schon so, dass es Widerspruch gibt. Meistens geht dieser Widerspruch so, dass Schülerinnen und Schüler, meistens Schülerinnen tatsächlich, darauf hinweisen, dass man nichts gegen Juden sagen darf. Weil im Koran steht [...] Das ist sozusagen verboten, generell gegen jüdische Menschen zu sprechen. So darauf wird dann schon hingewiesen. Und wir haben zum Beispiel jetzt in der siebten Klasse einen Konflikt, als jemand so einen siebenarmigen Leuchter sozusagen durchgestrichen hat. Und da haben mich Schülerinnen drauf hingewiesen. Und dann auch in der Klasse diskutiert, warum sie das nicht gut fanden. Das waren muslimische Schülerinnen [...]."

Die von der Lehrkraft geschilderte religiös-moralisch begründete Intervention durch Schülerinnen erscheint im Material als eine Ausnahme. Wie verbreitet solche Interventionen sind, welche Interventionspraktiken es unter Schüler_innen gibt, wie sich Antisemitismus also unter Schüler_innen auswirkt und unter diesen verhandelt wird, ist eine relevante Frage, die weiter zu untersuchen ist. Deutlich wird an diesem Zitat auch eine von mehreren Lehrer_innen vorgenommene Einordnung, der zufolge offener Antisemitismus tendenziell eher von männlich sozialisierten Schülern ausgeübt werde und mit Männlichkeitsbildern in Verbindung stehe unter Jugendlichen. Auch diese Bedeutung von Antisemitismus im Kontext von Geschlechterverhältnissen an Schulen gilt es in folgenden Studien genauer zu untersuchen.

5.4.2 Antisemitismus als vorübergehendes Pubertätssymptom

Eine sehr verbreitete Deutung von Antisemitismus im Material ist die, dass es dabei um pubertätsbedingte Provokation gehe. Die Lesart von Antisemitismus als vorübergehendes Pubertätssymptom wurde in bestehenden Studien, in denen pädagogische Fachkräfte zu Antisemitismus unter Jugendlichen interviewt werden, bereits herausgearbeitet und diskutiert (vgl. Scherr/Schäuble 2006; Radvan 2010), weshalb wir sie hier nur kurz zusammenfassen. So werden antisemitische Äußerungen durch Schüler_innen wie folgt gedeutet: Die Jugendlichen „plappern irgendwie was nach, aber verstehen es ja auch oft gar nicht so"; antisemitische Äußerungen würden „gedankenlos dahergekommen und seien sehr dumm und sehr gedankenlos", sie seien „oft testosteronmotiviert" und die Schüler_innen „schnappen das eigentlich nur auf, das was sie in Bruchteilen mitkriegen, irgendwie total unabhängig vom Kontext, ohne Hintergrundwissen". Diesen Aussagen der Lehrer_innen zufolge ist Antisemitismus als „Provokation gedacht oder als Selbstdarstellung oder sich-, was Verbotenes zu tun und dieser Tabubruch wird da sicher gesucht".

In solchen Erklärungsansätzen wird eine klare generationale Differenz vorgenommen, der zufolge die Jugendlichen den Erwachsenen antisemitische Äußerungen nachahmen würden. Zugleich sei der durch Jugendliche artikulierte Antisemitismus deutlich weniger ernst zu nehmen, als der von Erwachsenen:

> „Das ist also bei Erwachsenen ist natürlich dann beängstigend, bei Jugendlichen denke ich, da muss man Jugendsprache und das provokative Verhalten mit einberechnen."

Solche Deutungen antisemitischer Äußerungen als pubertäres Verhalten haben eine entlastende Funktion: Antisemitische (Sprach-)Handlungen erscheinen darin als vorübergehend, hormonell bedingt und somit quasi biologisch-natürlich, als würden sie sich mit dem Ende der Pubertät von allein erledigen. Wird Antisemitismus an Schulen als Pubertätsproblem gelesen, scheinen die Interventionsmöglichkeiten von Lehrer_innen und Eltern zudem begrenzter. Die Bedrohung, die die entsprechenden Handlungen durch Gleichaltrige für Betroffene beinhalten, und die reproduzierende, tradierende Wirkung von antisemitischen Äußerungen in Schulen rückt in dieser Erklärung in den Hintergrund. Deutungen von Antisemitismus als Pubertätssymptom vermitteln zudem, dass es bei den entsprechenden, eindeutig antisemitischen Beschimpfungen junger Menschen eigentlich nicht um die Reproduktion von Antisemitismus gehe, sondern um etwas Anderes. Sie tragen somit zu einem Verrätseln von Antisemitismus in der Gegenwartsgesellschaft bei.

5.4.3 Antisemitismus im Kontext von Autoritätsdenken und der Neuen Rechten

In einigen Interviews und Gruppendiskussionen kontextualisieren Lehrer_innen einen in ihrer Wahrnehmung offener gezeigten Antisemitismus an Schulen zudem mit einem zunehmenden Autoritätsdenken unter Schüler_innen, mit der

Neuen Rechten in Deutschland, aber auch mit rechten Politiker_innen anderer Länder, auf die Schüler_innen sich beziehen würden. In Bezug auf Deutschland beschreiben Lehrer_innen ihre Wahrnehmung einer Verschiebung des Diskurses: „Ich habe den Eindruck, es wird gerade generell gesellschaftlich legitimer, Dinge zu sagen."

In mehreren Gruppendiskussionen verständigen sich Lehrer_innen über ihr Empfinden der zunehmenden Legitimierung und Ermöglichung autoritärer und rassistischer Äußerungen. Diese Wahrnehmungsschilderungen bleiben auf der eher allgemeinen Ebene der Beobachtung des politischen Diskurses, was vermutlich der dominanzgesellschaftlichen und nicht unmittelbar von Antisemitismus und Rassismus bedrohten Position der Interviewpartner_innen geschuldet ist:

> *Lehrer_in 1:* „Na ja, das ist der Zeitgeist gerade. Dieser furchtbare, der eben auch ein[en] Gauland..."
> *Lehrer_in 2:* „Trump."
> *Lehrer_in 1:* „...hervorgebracht hat oder ein[en] Trump oder wen auch immer. So, die kommen ja aus allen Löchern gekrochen, diese Männer."

Die Kontextualisierung von Antisemitismus im „Zeitgeist" wird im vorangegangenen Zitat in der Nennung der Namen zweier bekannter rechter Politiker konkretisiert und über die Zusammenfassung „diese Männer" auf weitere rechte Politiker bezogen. Einige interviewte Lehrer_innen berichten auch von offen nationalistisch und rassistisch eingestellten Eltern an ihren Schulen, von denen teilweise bekannt sei, dass sie sich aktiv in der rechten Partei AfD betätigten. Jedoch würden gerade „rechtsgerichtete Familien und Schüler" an Schulen antisemitische Äußerungen gegenüber Lehrer_innen eher zurückhalten, denn: „[...] die wissen dann aber oft auch genau, was sie eben sagen können oder was nicht."

5.4.4 „Deren Emotionalität, deren Biografie" – Dominanzgesellschaftliche Deutungen von Antisemitismus durch Schüler_innen

Vielfach wird im Material Bezug genommen auf Schüler_innen, die unscharf als „arabisch", „palästinensisch", „muslimisch" und vereinzelt auch mit anderen nationalen Zugehörigkeiten wie „polnisch" oder „türkisch" eingeordnet werden. Wir rekonstruieren die im Interview geschilderten Wahrnehmungen der zu „Migrationsanderen" (Mecheril 2010) gemachten Schüler_innen aus der dominanzgesellschaftlichen Perspektive der Lehrer_innen. Die folgenden Ausführungen liefern also Einsichten in diese Wahrnehmungen und darin offenbar werdende soziale Verhältnisse und Konstellationen an Schulen, in und durch die sich

Antisemitismus praktisch vollzieht. Was wir hier aufgrund des Datenmaterials nicht bieten, sind empirische Einsichten über die unterschiedlichen Ausprägungsformen von Antisemitismus unter Schüler_innen. Letzteres gilt es in Anschlussstudien mit Schüler_innen näher zu untersuchen.

Aus den Schilderungen der Lehrer_innen rekonstruieren wir im Folgenden drei Aspekte:

1. Die Schilderung der Verwobenheit von antisemitischen Äußerungen und der nonverbalen Präsenz von Positionen zum palästinensisch-israelischen Konflikt,
2. die Thematisierung der Herausforderung des Unterrichtens und der Emotionen zu Antisemitismus durch Lehrer_innen anhand bestimmter Schüler_innen, sowie
3. die Wahrnehmung einer „Abwehrhaltung" seitens einiger Schüler_innen vor dem Hintergrund einer scheinbaren Konkurrenz, die zwischen der Thematisierung von Antisemitismus und Rassismus entstehe. Aus dieser schlussfolgern Interviewpartner_innen Dringlichkeitshierarchien beziehungsweise Handlungsrelevanzen im Hinblick auf die Bildungsarbeit an Schulen.

Lehrer_innen schildern in Bezug auf einzelne Schüler_innen eine hohe und im Unterricht präsente Identifikation mit politischen Konflikten im Nahen Osten: Namensschilder würden etwa routiniert mit „Free Palestine" betitelt. Deutlich stärker problematisierend wird das Tragen von Symbolen und Accessoires wie Tüchern oder Schals geschildert, in die Zeichen der Terror-Organisation Hisbollah gestickt sind. Diese politischen Slogans und Symbole werden als überwiegend nonverbal und zugleich optisch präsent beschrieben. Sie werden von Lehrer_innen wie eine Hintergrundkulisse dargestellt, die die Thematisierung des „Nahostkonflikt[s]" oder des Judentums in einigen Klassen als herausfordernd rahme. So beschreibt ein_e Lehrer_in im Interview, er_sie würde nicht „den Nahostkonflikt mit denen durchnehmen" wollen. Auf Nachfrage der Interviewerin, was passieren könnte, führt die Lehrkraft aus:

> „Ich glaube, das würde ausarten. Und ich weiß nicht, wie man das-. Das sind immer diese zwei Ebenen. Es ist immer dieses Emotionale. Auch deren Emotionalität, deren Biografie."

In solchen Darstellungen von Schüler_innen zeigen sich die auch in anderen Analysen diskutierten (Unterrichts-)Herausforderungen und Externalisierungen, die mit der postnationalsozialistischen Gesellschaft verbunden sind: Antisemitisch sind vor allem „die" Anderen (vgl. dazu Antisemitismusbericht 2017; Messerschmidt 2014; Messerschmidt 2018). Dass diese Externalisierung immer auch eine eigene Distanzierung und Neutralisierung der eigen- und kollektivbiografischen Bezüge von Lehrer_innen ermöglicht, wird besonders in der Anführung von „deren Emotionalität, deren Biografie" deutlich, die demnach ein Hindernis für einen weniger emotionalen, weniger biografisch bedeutsamen, sachorientierten Unterricht darstellten. Die von Lehrer_innen empfundene Herausforderung, einen komplexen, ereignisreichen Konflikt, der entscheidend durch die von Deutschland ausgegangene Shoah mitdynamisiert wurde, im Unterricht zu vermitteln, wird hier anhand der antizipierten Reaktionen von als nichtdeutsch markierten Schüler_innen verdichtet. Die in den biografischen Erinnerungen der Lehrer_innen an ihre Einsozialisierung und Erstberührung mit Antisemitismus deutlich gewordene Distanziertheit und familienbiografische Unverbundenheit erklärt mit, warum „deren Emotionalität" und „deren" biografische Bezogenheit im Umgang mit Antisemitismus in der eigenen Familie besonders unvertraut und womöglich auch bedrohlich erscheint. Ferner zeigt sich hier eine doppelte Delegation von Antisemitismus auf Jugendliche und gleichzeitig auf als muslimisch oder migrantisch gelesene Jugendliche. Im Zusammenhang mit dieser Differenzmarkierung heben Lehrer_innen in den Interviews mehrfach das Unwissen bestimmter Schüler_innen bezüglich der Shoah hervor. Exemplarisch steht dafür der folgende Ausschnitt aus einem Gespräch mit einem Schüler über eine antisemitische Äußerung:

> „Weil ich hatte einmal einen Schüler […] dem ich dann gedacht habe, zu erklären, dass es einfach nicht gesagt werden darf. […] Von oben autoritär. Weil eben in Deutschland, das passiert ist mit Auschwitz und den Gaskammern, habe ich dann versucht, ein bisschen zu begründen. Und dann hat der gesagt: ‚Ja, aber das ist doch voll gut.' Da habe ich gedacht, eigentlich habe ich dem das jetzt zum ersten Mal gesagt, dass Juden vergast worden sind. Ich glaube, das wusste der gar nicht."

Im vorherigen Verlauf der Sequenz sagte die Lehrkraft, dass „die", womit im Gesprächskontext „die" Schüler_innen mit einer bestimmten Migrationsgeschichte gemeint sind, ein geringes Wissen über den Holocaust hätten. Dabei kann bezüglich der Vernichtungslager des Nationalsozialismus von einem breiten historischen Unwissen unter Schüler_innen ausgegangen werden. So ist aus einer aktuellen, repräsentativen Befragung bekannt, dass von 14- bis 16-jährigen Schüler_innen nur 47 Prozent beantworten können, was Auschwitz-Birkenau war (vgl. FORSA 2017). An diesem wie an ähnlichen Zitaten ist daher interessant, bei welchen Schüler_innen dieses Nichtwissen problematisiert wird: bei den „Migrationsanderen" (Mecheril 2010), die familienbiografisch weniger direkt mit der Täter_innengesellschaft des Nationalsozialismus verbunden sind als die meisten der interviewten Lehrer_innen. Deutlich wird hier, dass es in der Migrationsgesellschaft nicht darum gehen sollte, ob die einen Schüler_innen antisemitischer sind als die anderen, sondern um die Reflexion von Orientierungen und Wissensbeständen in der Gesellschaft im Allgemeinen und bei Jugendlichen im Besonderen. Darüber hinaus gilt es zu fragen, warum einigen Jugendlichen grundlegendes Wissen zu Orten und Ereignissen des Holocausts fehlen und was ihrem Lernprozess im Wege stehen könnte.

An dem Zitat wird deutlich, dass der_die Lehrer_in die eigene moralisch-appellative Form der Intervention nicht nur wiedergibt, sondern direkt selbstkritisch einordnet als „[v]on oben autoritär". Diese in vielen Zitaten aufscheinende Reflexionsbereitschaft ist als wesentliche Ressource für die weitere Arbeit gegen Antisemitismus an Schulen festzuhalten: Lehrer_innen zeigen sich in ihren Interventionsschilderungen oftmals selbstkritisch und unzufrieden bezüglich ihrer eigenen Interventionspraktiken im Umgang mit Antisemitismus, hier gibt es durchaus eine Offenheit für Handlungsimpulse, etwa durch Fallreflexionen.

Zugleich zeigen sich einige nicht von Rassismus betroffene Lehrer_innen in den Interviews empathisch gegenüber Perspektiven von Schüler_innen mit Rassismuserfahrungen. In verschiedenen Gruppendiskussionen und Einzelinterviews thematisieren Lehrer_innen in diesem Zusammenhang eine Form von Betroffenheitskonkurrenz bezüglich der Reflexion von Antisemitismus und Rassismus im Unterricht. Mehrfach wird der Begriff der „Abwehrhaltung" einiger Schüler_innen eingebracht und aus der wahrgenommenen Konkurrenz begründet, wie im folgenden Zitat exemplarisch deutlich wird:

> „[...] habe Antisemitismus im Unterricht gemacht und dann waren schon viele Schülerinnen, die jetzt von Rassismus betroffen waren: ‚Oh, wir machen immer Antisemitismus, wir machen gar nichts zu Rassismus.' Und da habe ich auch so eine Abwehrhaltung erlebt, dass sie dann auch meinte: ‚Wir werden gar nicht gesehen.' Und so. Dann meinte ich so: ‚Okay, das ist auch ein bisschen, weil ich das Thema ganz sinnvoll finde.' [...] dann hätte ich vielleicht auch erstmal Rassismus machen müssen und dann Antisemitismus oder so. Weil es dann auch nochmal an deren, ja, Betroffenheit, sich orientiert."

Auch hier findet eine Externalisierung von „Betroffenheit" statt: Denn betroffen im Sinne von involviert und geprägt sind die Lehrer_innen als Enkelkinder von Angehörigen der Täter_innengesellschaft des Nationalsozialismus selbst und diese Involviertheit könnte auch von Lehrer_innen im Unterricht eingebracht werden. Betroffenheit wird hier aber in Bezug auf gegenwärtige Betroffenheit von Rassismus und Antisemitismus in Deutschland verhandelt. Dies wird beispielsweise anhand der Erfahrung diskutiert,

> „[...] dass Organisationen nicht so an die Schüler und Schülerinnen rangekommen sind, weil sie irgendwie, entweder so eine totale Abwehrhaltung kam dann plötzlich von Schülern, weil sie nicht auf deren-. Also zum Beispiel eine palästinensische Schülerin, die sich dann gar nicht gesehen gefühlt hat."

Daraus schlussfolgert die Lehrkraft, „dass man vielleicht wirklich erst die Betroffenheit von den einzelnen Schülern thematisiert und dann zu Antisemitismus kommt". Diese Idee für einen Ansatzpunkt formulieren weitere Lehrer_innen in anderen Gruppendiskussionen und Einzelinterviews: Die Auseinandersetzung mit Antisemitismus könnte über die Frage nach der Betroffenheit von Rassismus unter Schüler_innen eingeleitet werden:

> „[...] vielleicht das Eine vorwegnehmen. [...] was habt ihr eigentlich selbst für Diskriminierungserfahrungen oder so. Und die haben einfach auch tatsächlich viel Alltagsrassismus erleben müssen."

Dieser Ansatz wird an einzelnen Materialstellen noch weiter ausgeführt und mündet in Ideen einer quotengesteuerten, jüdisch-muslimischen Begegnung an Schulen. Die Idee, den historisch und strukturell vorhandenen Antisemitismus durch jüdisch-muslimische Freundschaft aufzulösen, verweist auf ein funktionalistisches Verständnis von Antisemitismus. Der Antisemitismus wird doppelt externalisiert: Das Problem wird den Jugendlichen und vorrangig den als muslimisch wahrgenommenen Jugendlichen zugeordnet. Gleichwohl ist der methodische Zugang zu Antisemitismus unter Jugendlichen über die eigenen Diskriminierungserfahrungen eine sinnvolle Grundlage für einen Verständigungsprozess. Die Vorzüge dieses Ansatzes sind unter anderem im Antisemitismusbericht (2017) kurz beschrieben worden. Denn wenn die Wirkung von Diskriminierung im Kontext von Antisemitismus in den Blick genommen wird, kann dies die Bereitschaft fördern, sich dem Thema aus diesem Blickwinkel zuzuwenden und die diskriminierende Wirkung antisemitischer Situationen einzusehen. Es ist zudem darauf zu achten, dass Lehrer_innen nicht zu scheinbar neutral Erklärenden von Antisemitismus avancieren, sondern ihre kollektivbiografische Involviertheit und ihre mit Antisemitismus verbundenen Emotionen reflektieren.

5.4.5 „Hinter vorgehaltener Hand" – Lehrer_innen zu den Grenzen ihrer Wahrnehmung von Antisemitismus an Schulen

Mehrere Lehrer_innen äußern, dass sie nur einen kleinen Teil antisemitischer (Sprach-)Handlungen unter Schüler_innen überhaupt wahrnehmen könnten, da viele Schüler_innen solche Äußerungen nur in ihrer Abwesenheit tätigen würden. Dabei gehen Lehrer_innen davon aus, dass viele ihrer Schüler_innen zu „schlau" oder „bürgerlich[.]" seien, um Antisemitismus vor Lehrer_innen zu zeigen und dies daher in ihr Handeln im Klassenchat verschöben. Zudem führen Lehrer_innen soziale Normen an, die regulieren würden, gegenüber wem und wo Schüler_innen sich antisemitisch äußern. Deutlich wird diese Deutung im folgenden Ausschnitt aus einer Gruppendiskussion:

> „Das erinnert mich an den einen Vorfall […] wo die Hitze im Raum kommentiert wurde mit irgendwie: ‚Es ist hier so warm, als hätte man Juden verbrannt'; oder so. Und dann sich herausstellte, dass ein Schüler irgendwie gesagt hat: ‚Ja, warum hast du das so laut gesagt?' […] da wurde dann klar, dass da nichts begriffen wurde. Sondern, dass es nur darum ging, so zu reden, wie man reden soll. Aber alles andere ist hinter vorgehaltener Hand dann doch irgendwie erlaubt oder so."

Antisemitismus, in diesem Fall mit eindeutigem Bezug zur Shoah, wird hier gedeutet als etwas, was im Unterricht punktuell aufscheint, wenn „nichts begriffen wurde". Ansonsten sei der Umgang mit Antisemitismus unter Schüler_innen vom Bemühen charakterisiert, „so zu reden, wie man reden soll". Verwiesen wird hier zudem auf das Wissen um eine Latenz und Struktur des Antisemitismus durch die Annahme, dass er „hinter vorgehaltener Hand dann doch irgendwie erlaubt" sei.

5.4.6 Legitimierung von Antisemitismus durch Lehrer_innen

In den Interviews und Gruppendiskussionen beschreiben und problematisieren die Lehrer_innen Antisemitismus an Schulen in zahlreichen Beispielen. Ein Strukturmuster dieses Sprechens ist, wie bereits beschrieben, dass an die Thematisierung oft unmittelbar Relativierungen von Antisemitismus anschließen und so infrage gestellt wird, ob es tatsächlich um Antisemitismus gehe (siehe ausführlicher dazu unter „Interventionsschilderungen").

In den Interviews finden sich darüber hinaus zwei Formen der Legitimierung von Antisemitismus durch die an der Studie beteiligten Lehrer_innen und Schulleitungen. Die erste Form erfolgt eher indirekt: Äußerungen werden akzeptiert, sie werden hingenommen und/oder es wird ihnen mit Verständnis begegnet. Sowohl Passivität als auch Verständnis im Umgang mit antisemitischen Äußerungen schildern Lehrer_innen vielfach über Kolleg_innen. Insbesondere in einer Gruppendiskussion wird mehrfach auf Antisemitismus im Kollegium hingewiesen:

> „Wir haben eindeutig antisemitisch eingestellte Kolleginnen und Kollegen an der Schule. Und-, nicht so wahnsinnig viele, halt repräsentativ."

Die entsprechenden Lehrkräfte würden sich inhaltlich genauso äußern und auf die gleichen Quellen beziehen wie antisemitisch agierende Schüler_innen, im direkten Gespräch oder durch das Verschicken verschwörungsmythischer Videos:

> „Also da haben wir auch einige Lehrer an der Schule, die genau das gleiche sagen. […] Übrigens sowohl im linken als auch im rechten Spektrum wurde ich daraufhin angesprochen von Kollegen. […] Das ist da."

Des Weiteren problematisieren einzelne Lehrer_innen, dass insbesondere Antisemitismus mit Israel-Bezug von einigen ihrer Kolleg_innen mit Verständnis begegnet werde. Zum Teil findet sich diese indirekte Legitimation auch im Sprechen der Interviewpartner_innen und in den Darstellungen der eigenen Praxis. So schildert beispielsweise eine Lehrkraft ihr Zulassen anti-israelischer Äußerungen im Unterricht:

> „[...] was, ich sage mal in Anführungsstrichen, Anti-Israelisches, was ja vielleicht durch diese Gewalt, die dann ausgeübt wurde, auch das darf gesagt werden."

Antisemitismus mit Israel-Bezug wird im Gegensatz zum NS-bezogenen Antisemitismus indirekt legitimiert, wenn unspezifisch von „diese[r] Gewalt, die dann ausgeübt wurde" gesprochen wird und Äußerungen hingenommen werden. Eine andere Herangehensweise wäre es, die mit der gegenwärtigen politischen Situation verbundenen Unrechtserfahrungen von Palästinenser_innen und die Erfahrungen mit Terroranschlägen von Israelis mit den Schüler_innen zu besprechen und historisch informierend zu kontextualisieren. Liegt der Fokus im Umgang mit „anti-israelische[n]" Äußerungen jedoch nicht auf der aktiven Auseinandersetzung mit dem Inhalt des Gesagten, sondern darauf, dass sie „gesagt" werden dürfen, wird ein Tabu suggeriert und entsprechende Äußerungen werden zugleich pauschal akzeptiert. Potenzielle Bildungsmomente und Reflexionsanlässe verstreichen, bei denen beispielsweise mit den Schüler_innen diskutiert werden könnte, an welchen Stellen Problematisierungen der Besatzungspolitik und Äußerungen über Israel antisemitisch sind und warum.

Die zweite Form der Legitimation von Antisemitismus im Material ist direkter. In den entsprechenden Äußerungen werden antisemitische Erfahrungen negiert und antisemitische Figurationen sprachlich reproduziert. So wird in einer Gruppendiskussion der Zusammenhang mit Antisemitismus relativiert, als berichtet wird, dass ein_e jüdische_r Schüler_in aufgrund von Ausgrenzungserfahrungen die Schule verließ. Sowohl das Kind als auch ein Elternteil werden als besonders empfindsam dargestellt und es wird infrage gestellt, ob die Wahrnehmung der Familie, wonach sich die Ausgrenzung auf den jüdischen Hintergrund der Tochter bezogen habe, zutreffend gewesen sei. Dabei schildert ein_e Lehrer_in die eigene Wahrnehmung: „Ich habe das echt nicht gewusst. Also, so-, ich habe sie auch nie als ausgegrenzt erlebt." Im weiteren Verlauf der Diskussion um diesen Fall werden Stereotype von sich vermeintlich abschottenden Juden_Jüdinnen reproduziert. In Bezug auf antisemitische Strukturen und Vorfälle in Schulen individualisieren und de-kontextualisieren solche Umgangsweisen komplexe Situationen, erschweren das Fallverstehen und übergehen den Schutz der von antisemitischen (Sprach-)Handlungen potenziell Betroffenen.

Relevant ist hieran für die weitere Präventions- und Interventionsarbeit an

Schulen, dass Lehrer_innen nicht automatisch als potenziell schützend und intervenierend gegen Antisemitismus an Schulen antizipiert werden können. Auch Lehrer_innen und Schulleitungen können antisemitische Weltbilder hinnehmen oder sogar legitimieren und unterstützen.

5.4.7 (Nicht-)Wahrnehmung jüdischer Schüler_innen

Jüdische Kinder und Jugendliche erscheinen im Material als überwiegend abwesend. In Bezugnahmen auf jüdische Schüler_innen in den Interviews und Gruppendiskussionen mit Lehrer_innen und Schulleitungen dominieren drei Thematisierungsformen: Lehrer_innen tauschen sich über ihre Unklarheit aus, ob unter ihren Schüler_innen Kinder und Jugendliche mit jüdischen Biografien seien oder nicht. Wenn jüdische Schüler_innen vereinzelt explizit erwähnt werden, erfolgt dies ausschließlich im Zusammenhang mit Übergriffen, die sich gegen diese Schüler_innen richteten und/oder durch sie beziehungsweise ihre Eltern gemeldet wurden, wobei sie in den Schilderungen der Bearbeitung dieser Vorfälle bereits nicht mehr erwähnt werden. Schließlich schildern einzelne Lehrer_innen den Eindruck, dass ihre Schüler_innen eine Abwesenheit von Jüdinnen_Juden im Kontext Schule antizipierten, wie im folgenden Zitat:

> „Hier ist zumindest der Eindruck, die Wahrnehmung der Beteiligten, wenn wir über jüdische Menschen schimpfen, dann können wir das sozusagen einfach machen, weil es gibt ja keine hier. Es widerspricht niemand."

In diesem Zitat wird „die Wahrnehmung der Beteiligten" beschrieben, dass antisemitische Äußerungen an Schulen keine real anwesenden Personen treffen würden. Ähnliche Einschätzungen tätigen Lehrer_innen auch selbst im Material oder kolportieren sie aus Gesprächen mit Kolleg_innen: Der entsprechenden Argumentation zufolge erscheinen andere Diskriminierungsformen wie Sexismus, Rassismus oder Homophobie drängender aufgrund der angenommenen Präsenz unmittelbar Betroffener, die bei Antisemitismus nicht oder viel weniger deutlich wahrgenommen wird.

In diesem Sinne verbinden einige Lehrer_innen die Einschätzung „Weil, wir haben ja auch so wenig jüdische Kinder" mit der vermeintlichen „Ungreifbarkeit" des Antisemitismus an Schulen. Auf der anderen Seite leiten sie aus dem Fehlen von Begegnungen mit Juden_Jüdinnen im Schulalltag die zuvor beschriebenen, begegnungspädagogischen Ansätze als Intervention gegen Antisemitismus ab. Einzelne Lehrer_innen ordnen ihr Nicht-Wissen um die Anwesenheit jüdischer Schüler_innen auch dahingehend ein, dass sie generell nicht fragen: „Wo kommst du her, wo kommen deine Eltern her?", aber davon ausgehen würden, dass den Schüler_innen untereinander ihre familiären Hintergründe bekannt seien. In solchen Einschätzungen wird deutlich, dass jüdischen Kindern in ihrer sozialen Position in Schulen die Zugehörigkeit zu einem mehrheitsgesellschaftlichen Kollektiv abgesprochen wird. Explizit wird diese Lesart im folgenden Zitat, in dem eine Lehrkraft annimmt, dass sich Schüler_innen, „die einen jüdischen Glauben" haben, möglicherweise selbst als „Ausländer" verstehen würden:

> „Oder manchmal sagen sie [die Schüler_innen] auch ‚Na warte mal, Sie wissen doch: Wir sind Ausländer.' […] Und ob da jetzt auch Leute dabei sind, die einen jüdischen Glauben haben, wüsste ich jetzt zum Beispiel gar nicht unbedingt."

Einzelne jüdische Schüler_innen bleiben jedoch in Erinnerung und zwar immer im Zusammenhang mit Übergriffen. Exemplarisch dafür ist die Rede von und die Erinnerung an den „einen jüdischen Schüler", der_die im Zusammenhang mit Erinnerungen an Antisemitismus an einer Schule erwähnt wird, wie im folgenden Zitat durch eine Lehrkraft, die über die Zeit ihres Referendariats an einer Schule spricht:

> „Und da war halt tatsächlich Jude als Schimpfwort auch an der Schule. Und ich habe es auch-, und es gab einen jüdischen Schüler, der, wo ich, so, wo sein Jüdischsein einfach oft thematisiert wurde im Unterricht. Da habe ich so gemerkt, das ist wirklich, also oder, das ist ein Thema."

Diese Thematisierungsform, die spezifische (Nicht-)Wahrnehmung jüdischer Schüler_innen an Schulen und ihre Exponierung im Zusammenhang mit antisemitischen Übergriffen erscheint charakteristisch für Antisemitismus, gerade auch in Differenz zu anderen Diskriminierungsformen.

Dabei bildet die Wahrnehmung von jüdischer Abwesenheit an einzelnen Schulen durchaus eine Realität ab: In Folge des Genozids an Juden_Jüdinnen in Deutschland besuchen gegenwärtig verhältnismäßig wenig jüdische Kinder Schulen in Deutschland. Gerade in Berlin, wo die Erhebungen durchgeführt wurden, gibt es aber nicht zuletzt durch die Einwanderung russischer und israelischer Jüdinnen_Juden, eine relativ große jüdische Community. Dass jüdische Kinder an Schulen kaum als konkrete Personen erwähnt und im Interview mitbedacht werden, kann daher nicht nur damit erklärt werden, dass sie in der Schüler_innenschaft zu einer Minderheit gehören. Vielmehr macht der Umstand, dass jüdische Schüler_innen nicht selbstverständlich mitgedacht werden, auch eine Kontinuität aus den Biografien vieler Lehrer_innen deutlich, in denen Juden_Jüdinnen in oftmals entpersonalisierter Weise als Opfer der Shoah auftauchen, während keine Begegnungen mit realen Juden_Jüdinnen aus Kindheit und Jugend erinnert werden. Dies zeigt sich unter anderem in der Annahme, jüdische Schüler_innen seien in der Schule nicht greifbar. Es erklärt auch mit, warum (ehemalige) jüdische Schüler_innen die Reaktionen auf ihre Anwesenheit durch Lehrer_innen oftmals als exponierend erlebten, etwa wenn sie im Unterricht primär mit den Themen der Shoah und des Nahost-Konflikts adressiert werden (vgl. Bernstein 2020).

5.5 Umgang mit Übergriffen: Strukturmerkmale von Interventionsschilderungen

Die Interventionsschilderungen der interviewten Lehrer_innen sind überwiegend vage. Oft bleibt im Gesprächsverlauf unklar, ob auf erwähnte antisemitische ‚Vorfälle' überhaupt reagiert wurde. In einigen Fällen wird eine deutliche Reaktion beschrieben, die sich jedoch ausnahmslos auf die den Antisemitismus ausübenden Schüler_innen bezieht. Wie die Betroffenen die Intervention erlebten, wird kaum thematisiert. Es zeigt sich deutlich, dass es im Umgang mit antisemitischen Übergriffen an Orientierung mangelt und es, um das Bild einer Lehrkraft aufzugreifen, nicht nur keinen „inneren Kompass", sondern oftmals auch keinen äußeren Kompass im Umgang mit Antisemitismus gibt. Infolgedessen liegt die Reaktionsform überwiegend im Ermessen der einzelnen Lehrer_innen. Diese formulieren hier selbst einen Bedarf an Unterstützung durch klarere „Kriterien", wie sie Antisemitismus begegnen könnten. Werden Interventionen durch die Interviewpartner_innen genauer ausgeführt, weisen sie schulübergreifende Strukturmerkmale auf, die wir am folgenden Ausschnitt aus einem Einzelinterview exemplarisch zeigen:

> „Also ich hatte diesen einen Vorfall, den wir dann auch [Erwähnung externer Beratung] besprochen haben. Das fand ich sehr hilfreich. […] mit einem Schüler […] Der sagte in einer Fünf-Minuten-Pause und ich habe es nur ganz am Rande gehört, um eine jüdische Schülerin gezielt zu ärgern, sagte er, ja es sei ja überhaupt nicht nachgewiesen, dass sechs Millionen Juden gestorben wären. Also so Richtung geschichtsrevisionistisch. Aber auch mein Eindruck war da, dass das überhaupt nicht reflektiert ist. Sondern dass es eigentlich um was ganz anderes ging, nämlich um Provokation. Um ganz gezielt jemanden zu ärgern. Und das hätte auch ein ganz anderes Thema oder ein ganz anderer Spruch sein können, ... Und ich finde es dann als Lehrer manchmal schwierig zu entscheiden, was bespreche ich jetzt im Unterricht. Was ziehe ich ins Gespräch nach dem Unterricht. Um dem eben auch nicht unbedingt immer eine Bühne zu geben. Also bei sowas dahin Gerotztem, sage ich jetzt mal provokativ, ist ja die Frage, ob man das jetzt über die ganze Klasse überbreitet oder ob man das erstmal klein hält und vielleicht im Nachgang bespricht. Ich habe dann aber auch überlegt, ob es sinnvoll gewesen wäre, dass sich der Schüler nochmal explizit entschuldigt."

Folgende vier **Strukturmerkmale** zeigen sich in der Interviewerzählung:

1. **Die Vagheit der Intervention**: Es bleibt weitgehend unklar, ob und wie interveniert wurde. Erkennbar wird eine Ungebundenheit der Intervention an Konzepte oder Leitfäden, an denen sich ein Handeln während und nach den ‚Vorfällen' orientieren könnte. Interventionspraktiken sind auf diese Weise personengebunden, da sie maßgeblich von der Handlungsmacht des_der Einzelnen abhängig sind. Eine personengebundene Interventionspraxis erklärt die vielfach ausgedrückte Orientierungslosigkeit auf Seiten der Lehrkräfte und erhöht die Unsicherheit für jüdische Schüler_innen.

2. **Die Offenheit gegenüber externer Beratung**: Eine solche wurde nach dem antisemitischen Vorfall anscheinend wahrgenommen und wird von der Lehrkraft als „sehr hilfreich" beschrieben. Die Einbindung einer externen Stelle kann der Absicherung des eigenen Verhaltens und der Intervention dienen. Dieses Strukturmerkmal unterstreicht den Bedarf an externer Begleitung.

3. **Die zweifache Deutung beziehungsweise die Verundeutlichung antisemitischer (Sprach-)Handlungen**: Im Zitat wird die Shoah-Relativierung in der Äußerung eines_einer Schülers_Schülerin zunächst eindeutig als problematisch erkannt und eingeordnet. Direkt anschließend wird eine zweite Deutung darübergelegt, wonach es sich bei der Äußerung um eine unreflektierte „Provokation" gehandelt habe. Diese zweifache Deutung verrätselt den antisemitischen und verletzenden Gehalt der Anzweiflung des Holocausts. Offen lässt diese Lesart von Antisemitismus als unreflektierte Provokation zudem, wann Antisemitismus ernst gemeint und nicht „dahingerotzt" ist. Zudem ändert die angenommene Beliebigkeit, dass anstelle der antisemitischen Äußerung auch ein „ganz anderer Spruch" hätte gesagt werden können, nicht die Wirkung der jeweils verletzenden Aussage für die damit adressierte Person (vgl. Chernivsky et al. 2022). Wird der antisemitische Gehalt einer Äußerung relativiert oder verneint, erscheint die Situation als uneindeutig und die Intervention weniger dringlich. Statt auf die Frage zu fokussieren, ob antisemitische Äußerungen von Einzelnen intendiert sind, ließe sich fragen, in welchen routinierten Praktiken Antisemitismus in Schulen vollzogen wird und wie der Inhalt entsprechender Sprachhandlungen situativ bearbeitet und reflektiert werden könnte.

4. **Die Deutung von Antisemitismus als Pubertätssymptom**: Diese Deutung fungiert zugleich als entlastender Erklärungsansatz, der geschilderten Fällen ihre Gewaltförmigkeit nimmt und sie als jugendtypisches Verhalten normalisiert (vgl. Bernstein et al. 2018). Im hier diskutierten Zitat richtete sich die Äußerung gegen eine jüdische Schülerin. Dieser Umstand wird zunächst reflektiert, indem die Lehrkraft angibt, dass es in der Situation darum ging, diese „gezielt zu ärgern". Im Anschluss erfolgt die Relativierung, dass es „eigentlich um was ganz anderes" gegangen sei. Demzufolge wäre die Äußerung also beliebig. Dieser Widerspruch hat den konkreten Effekt einer Relativierungsschleife, die sich im Material an vielen Stellen findet: Antisemitismus wird von vielen interviewten Lehrer_innen situativ erkannt und benannt, aber unmittelbar nach der Benennung wieder stark relativiert. Damit wird die Dringlichkeit und

Relevanz von antisemitischen Vorfällen infrage gestellt und die Existenz von Antisemitismus an Schulen der Gegenwartsgesellschaft kontinuierlich mit einem Fragezeichen versehen.

6 Zusammenfassung der Befunde zu Interventionspraktiken

Einige Forschungsarbeiten wie auch Erfahrungen aus der Praxis legen nahe, dass Fachkräfte aus verschiedenen – vor allem außerschulischen – pädagogischen Bereichen (vgl. Radvan 2010; Schäuble/Radvan 2016; Bernstein 2020) ihren Umgang mit Antisemitismus als Herausforderung erleben und beschreiben. Von ihnen wird unter anderem ein Handlungs- und Erwartungsdruck benannt, der sich vorwiegend auf den Wunsch bezieht, antisemitische Aussagen in ihren jeweiligen Handlungsfeldern zu entkräften und ihnen angemessen zu begegnen. Der Fokus liegt hier maßgeblich auf Aussagen, nicht auf Praktiken wie Gewaltvorfällen, und beschränkt sich auf verbale Intervention. Eine moralisierende Reaktion sei zu vermeiden, um einen möglichen Kommunikationsabbruch zu umgehen und eine weitere (pädagogische) Auseinandersetzung mit dem Thema zu ermöglichen (vgl. Schäuble 2015). Aus den Studien von Heike Radvan zu Antisemitismus in der Jugendarbeit (2010) und Julia Bernstein (2020) wird deutlich, dass es unterschiedliche Einschätzungen dazu gibt, was als Antisemitismus gelten darf, und dass diese Komplexität als Herausforderung beschrieben wird.

Im Material der vorliegenden Studie formulieren einige der interviewten Lehrkräfte dezidierte Phänomen- und Begriffsverständnisse und begründen eine kritische Position zu antisemitischen Aussagen. Das Vorhandensein eines dezidierten Konzepts auf der einen Seite und die empfundene „Ungreifbarkeit“ sowie die mehrfach benannte Handlungsunsicherheit auf der anderen Seite werfen die Frage auf, warum das Wissen um Antisemitismus mit dem Handeln nicht verbunden wird. Das Selbstbild, nicht antisemitisch zu sein, wird auch in den Selbstrepräsentationen vieler interviewter Lehrer_innen in unserer Studie deutlich. Es zeigen sich im Umgang mit Antisemitismus vielfache Distanzierungen und Abwehrpraktiken. Nach Messerschmidt (2010) ist diese Ambivalenz in erster Linie durch ein Distanzierungsbedürfnis gegenüber der nationalsozialistischen Verbrechensgeschichte motiviert. Diese Distanzierungsstrategien äußern sich beispielsweise in der Verlagerung des Problems in die Vergangenheit oder an den sogenannten Rand der Gesellschaft. Die hier geschilderten Vorfälle werden in der Tat nur selten auf das Umfeld bezogen, vielmehr sind sie auf den schulischen Kontext fokussiert. Die Befunde machen auch deutlich, dass Antisemitismus thematisch nicht im Fokus der Unterrichtsgestaltung steht, sondern eher indirekt und historisch über die Shoah vermittelt wird. Das institutionelle Selbstverständnis von Schulen in Deutschland beinhaltet eine künstliche Abgrenzung von Antisemitismus als gegenwärtige Praxis, die heute noch in Schulen entstehen und wirken kann. Wie dieses Selbstbild und der anti-antisemitische Konsens einen selbstreflexiven Zugang in der Auseinandersetzung eher blockiert als befördert, zeigen viele Gesprächssequenzen aus den Gruppendiskussionen.

Die an der Studie beteiligten Lehrer_innen und Schulleitungen haben in den Interviews und Gruppendiskussionen zahlreiche Bedarfe und potenzielle oder erprobte Ansatzpunkte für die Arbeit gegen Antisemitismus an Schulen beschrieben. Im Folgenden fassen wir zunächst die von Lehrer_innen genannten Ideen zusammen, die zur Weiterentwicklung der Arbeit gegen Antisemitismus an Schulen dienen können. Dann vertiefen wir jene Ansatzpunkte, die sich auf Vorstellungen einer Begegnung und Mischung der Schüler_innen beziehen. Abschließend diskutieren wir die von den Lehrkräften geschilderten Ansatzpunkte.

6.1 Zusammenfassung der von Lehrer_innen genannten Ansatzpunkte

Gemeinsam haben alle von Lehrer_innen genannten zahlreichen Ansatzpunkte, dass sie sich primär auf potenziell antisemitisch handelnde Schüler_innen und Kolleg_innen beziehen. Die Adressierung der breiten Schüler_innen- und Lehrer_innenschaft ist sicherlich sinnvoll, es fällt jedoch auf, dass die von Antisemitismus betroffenen Schüler_innen überwiegend nicht mitbedacht werden, und dass im Nachdenken über die Verbesserung der Arbeit gegen Antisemitismus nicht über Schutzkonzepte für potenziell Betroffene diskutiert wird. Dies ist einzuordnen vor dem Hintergrund der überwiegend antizipierten Abwesenheit jüdischer Schüler_innen und Familien an Schulen in Deutschland (vgl. Chernivsky et al. 2022).

Bezogen auf Interventionen diskutieren die Lehrer_innen, dass eine „Reaktion" auf antisemitische Äußerungen erfolgen müsse, die verhindere, dass Äußerungen „gesellschaftsfähig" würden. Lehrer_innen müssten „Position beziehen" und der Selbstanspruch müsse sein: „ich muss wenigstens Daumen hoch oder runter machen, als response, sonst wird es unkommentiert." Mit dieser Einschätzung hängt auch die vielfach geäußerte Kritik an der Nicht-Reaktion und Passivität von Kolleg_innen im Umgang mit antisemitischen Äußerungen zusammen. Verschiedene Lehrer_innen stellen heraus, wie wichtig die „Beziehung" zu Schüler_innen für den Erfolg von Interventionen sei, einzelne betonen auch die Bedeutung konstanter Elternarbeit. So beschreibt ein_e Lehrer_in ihre_seine enge Zusammenarbeit mit den Eltern als generelle „Investition", um potenzielle zukünftige Konflikte zu verschiedenen Themen konstruktiv bearbeiten zu können.

In Bezug auf die Arbeit gegen antisemitische Weltbilder in der Schüler_innenschaft diskutieren Lehrer_innen über die Beschäftigung mit Religionen, die möglichst früh und nicht erst in der Mittelstufe beginnen sollte. In den entsprechenden Diskussionssequenzen ordnen Lehrer_innen „interreligiöses Lernen", ein differenziertes Wissen über Religionen, ihre Gemeinsamkeiten und ihre Geschichte als Teil von „Prävention" gegen antisemitische Beschimpfungen ein. Dabei gehe es nicht nur um Bildung über Religionen, sondern um Reflexion und Auseinandersetzung mit Identität, Zugehörigkeiten und Diskriminierung, die möglichst außerhalb der benoteten Unterrichtskontexte ermöglicht werden soll. Auf der Ebene von Unterrichtsmaterialien und -inhalten wird zudem ein Bedarf an Unterrichtsreihen zu (antisemitischen) Verschwörungsmythen genannt.

6.2 Lernen aus der Geschichte als Antisemitismusprävention?

Historische Bildung in Form von Gedenkstättenbesuchen und außerschulischen Lernorten gilt als ein klassischer Ansatz in der Antisemitismusprävention. So geht das Sprechen über Antisemitismus als Lernaufgabe häufig in Überlegungen zum Lernen über die Shoah über. Lehrer_innen erwähnen Erinnerungen an Gedenkstättenbesuche aus ihrer eigenen Jugend und diskutieren ihre Erfahrungen bei Exkursionen zu Gedenkstätten mit Schulklassen, Gesprächen mit Überlebenden der Shoah sowie den Sinn neuer digitaler Vermittlungsformate.

Die interviewten Lehrer_innen bewerten ihre Erfahrungen mit Gedenkstättenbesuchen überwiegend positiv und schildern ihre Wahrnehmung von Bildungsmomenten einzelner Schüler_innen, wie beispielsweise in diesem Ausschnitt:

> „[Wir] haben uns da halt das KZ angesehen, das ehemalige und geguckt, was ist da eigentlich genau passiert. Und da hat dieselbe Schülerin, von der ich jetzt gerade erzählt habe, die halt vor einem Jahr gesagt hat, die Juden sind an allem schuld und jetzt machen sie das Gleiche mit den Palästinensern, hat halt dann gesagt, also ohne dass wir das groß aus ihr rausgedrückt hätten-, das ist eine sehr redselige. Die hat auch keine Scheu, sowas auch im Unterricht zu sagen. Hat dann gesagt, ‚Jetzt wo ich hier war, das macht mich total traurig, was damals passiert ist', also auf so einer emotionalen Anteilsebene. Und dann in so einem Aha-Effektmoment gesagt, ‚Und außerdem habe ich jetzt gecheckt, das, was heute in Palästina passiert, ist überhaupt nicht das Gleiche, weil es gibt ja keine KZs da'."

In obigem Ausschnitt beschreibt ein_e Lehrer_in, wie eine Schülerin im Anschluss an einen Gedenkstättenbesuch eine im Jahr zuvor im Unterricht getätigte antisemitische Äußerung selbstkritisch reflektiert und neu einordnet. Solche unmittelbaren – und auch noch ausformulierten – Auswirkungen können jedoch von Schüler_innen als Resultat eines Gedenkstättenbesuchs nicht erwartet werden. Vielmehr ist darauf zu achten, dass Schüler_innen subjektive Bezüge herstellen können und keine normativen Erwartungen an sie gerichtet werden, beispielsweise hinsichtlich der Identifikation mit den Opfern oder des Zeigens von

Betroffenheit (vgl. hierzu Mkayton 2011). Notwendig ist eine pädagogische Begleitung und Einbettung entsprechender Besuche durch eine Vor- und Nachbereitung, die Akzeptanz subjektiver Verarbeitungs- und Reaktionsformen auf Seiten der Schüler_innen sowie die Reflexion der Heterogenität junger Menschen in Schulklassen, die vor dem Hintergrund eigener Zugehörigkeiten und Erfahrungen unterschiedliche Bezüge zu Aspekten der Verfolgungs- und Gewaltgeschichte herstellen können (vgl. Thimm/Kößler/Ulrich 2010).

In diesem Sinne äußern Lehrer_innen die Notwendigkeit, dass ihre Schüler_innen beim Besuch von Gedenkstätten und Museen zur Shoah von den vor Ort begleitenden Pädagog_innen in der Vermittlung von Wissen „abgeholt" werden müssten:

> „[pädagogische Guide] hat halt Sachen erzählt und ist von Dingen ausgegangen, die meine Kids noch nie gehört hatten, weil die noch nicht mal wissen, was Auschwitz ist. Und wenn die dann anfängt mit Nürnberger Gesetze und keine Ahnung, was-, meine Kids wissen noch nicht mal, was Nürnberg ist. Also sie können davon ausgehen, dass es bestimmt irgendwo eine Stadt ist, aber dass die jetzt in Deutschland ist und dass da irgendwelche Gesetze gemacht worden sind. Und das hilft dann einfach nicht. Und dann machen die natürlich zu. Würde ich ja auch machen."

Insgesamt zeigt sich in den Diskussionen und Äußerungen der Interviewpartner_innen, dass die Antisemitismusprävention nicht losgelöst vom historischen Lernen begriffen wird und dass auf die gegenwärtigen antisemitischen Semantiken und Strukturen mit historischem Lernen reagiert wird. In Gedenkstätten sowie anderen außerschulischen Orten wird versucht, nicht nur die Beschäftigung mit dem Nationalsozialismus, sondern auch mit der Nachkriegszeit zu evozieren. Hier besteht aktuell Einigkeit darüber, dass Kenntnisse über die Verfolgungspolitik im Nationalsozialismus wesentlich sind, um den gegenwärtigen Antisemitismus zu begreifen (vgl. Gryglewski 2018). Durch die Beschäftigung mit historischen Quellen kann grundsätzlich eine Sensibilisierung für aktuelle Fragestellungen erzielt werden. Dabei sind Gedenkstättenbesuche eine situative Interaktion zwischen Schüler_innen, Lehrer_in und dem_der pädagogischen Guide vor Ort, die immer einer individuellen Anpassung und gruppenbezogenen Abstimmung bedürfen, damit Schüler_innen eine subjektive Auseinandersetzung mit der Geschichte des Antisemitismus ermöglicht wird. Gleichwohl sind historische Bezüge als Reaktion auf antisemitische Vorfälle unzureichend und irreführend, da Antisemitismus auf diese Weise ausschließlich historisch erklärt wird.

6.3 Lehrer_innen über Leitbilder und ihren Bedarf an Qualitätskriterien

An konkreten Maßnahmen benennen die interviewten Lehrer_innen die Notwendigkeit zusätzlicher finanzieller Förderung von Projekten mit Schüler_innen, die an deren Lebenswelt orientiert sein sollten, beispielsweise durch die Auseinandersetzung mit Antisemitismus im Hip-Hop. Vielfach als hilfreich erwähnt werden Workshops durch externe Referent_innen für Lehrer_innen. Diese sollten möglichst praxisnah sein sowie Orientierung und Handlungsimpulse im Umgang mit Antisemitismus bieten, was unter anderem im Wunsch nach einem „Leitfaden“ ausgedrückt wird. Der Bedarf wird von Lehrer_innen begründet mit ihrem fehlenden Wissen über Antisemitismus und fehlenden Anhaltspunkten hinsichtlich der Intervention dagegen in ihrem schulischen Alltag. Dabei betonen einige Lehrer_innen, dass sich Fortbildungen nicht nur an einzelne Lehrer_innen richten, sondern eher Schulleitungen und Fachleiter_innen im Rahmen von Konferenzen und schulübergreifenden Arbeitsgruppen damit erreicht werden sollten. Vielfach diskutiert wird die Bedeutung von antisemitismuskritischen Ressentiments in Leitbildern. Lehrer_innen aus Schulen, die bereits diskriminierungskritische Leitbilder haben, betonen, diese sollten „mit Leben gefüllt werden“. In drei Gruppendiskussionen werden als Ansatzpunkte allgemein Erziehung zu Respekt und Toleranz diskutiert sowie das Ziel, Schüler_innen einen „moralischen Kompass“ zu vermitteln, wobei dies nicht spezifisch auf Antisemitismus bezogen wird. Es wird ein Bedarf nach „Kriterien“ formuliert, wann und wie gegen Antisemitismus interveniert werden sollte. Dies entspricht der von den Lehrer_innen reflektierten Schwierigkeit, Antisemitismus zu erkennen, sowie dem erwähnten Befund, dass die interviewten Lehrer_innen Interventionen aus ihrem subjektiven Erfahrungswissen begründen.

6.4 Lehrer_innen über ihre Ausbildung und Bedarfe an Fortbildungen

Lehrer_innen verweisen darauf, dass Antisemitismus kein Gegenstand ihrer universitären Ausbildung gewesen sei, und sie auch nicht im Umgang mit anderen Diskriminierungsformen geschult worden seien. Auch unter den regionalen Fortbildungsangeboten für Lehrkräfte würden sie kaum Angebote zu Antisemitismus finden. Wenn Lehrer_innen externe Beratung und Fortbildung bereits in Anspruch genommen haben, berichten sie überwiegend positiv darüber. So wird beispielsweise über wichtige Handlungsimpulse erzählt, die aus Fallberatungen gewonnen worden seien. In einer Gruppendiskussion tauschen sich Lehrer_innen darüber aus, dass sie in einer Fortbildung gelernt hätten, dass bestimmte antisemitische schriftsprachliche Äußerungen auf Schulmobiliar mit Bezug zur

Ermordung von Juden_Jüdinnen im Nationalsozialismus „nicht nur eine Schmiererei [sind], die man dann von den Schülern wegputzen lassen kann, sondern das ist ganz klare Volksverhetzung. Da geht man zur Polizei und macht Anzeige". Die Lehrer_innen verbinden mit ihren positiven Äußerungen über Fortbildungen also primär Unterstützung durch Orientierung im Umgang mit antisemitischen Übergriffen. Dies entspricht dem fehlenden „inneren Kompass", der von Lehrer_innen in Bezug auf ihre Wahrnehmung von und ihren Umgang mit Antisemitismus geschildert wurde. Kritisch kommentiert wird die spezifische Sprache von Fortbilder_innen, die ausgrenzend wirken könne. Es gelte, in entsprechenden Angeboten auch diejenigen Kolleg_innen zu erreichen, deren Studium länger zurückliege und die mit diskriminierungskritischen Diskursen nicht vertraut seien. Dabei ist es wichtig, nicht nur die inhaltliche Ebene anzusprechen – wie Antisemitismus sich zum Ausdruck bringt –, sondern auch die didaktische Ebene: den Weg, mit diesem Problem in ihren eigenen Praxisalltagen wirksam umzugehen (vgl. Salzborn/Kurt 2019).

6.5 Einbindung von Schüler_innen

Zugleich äußern die Interviewpartner_innen aufgrund von antisemitischen Tendenzen, die sie auch unter ihren Kolleg_innen wahrnehmen, zum Teil Skepsis, was die Wirkung von Workshops und Weiterbildungen betrifft. Verschiedene Lehrer_innen sagen über ihre Kolleg_innen, diese hätten viele Möglichkeiten, antisemitische Äußerungen „subversiv" fortzusetzen oder entsprechende Weiterbildungsangebote über „sich ergehen" zu lassen und sich anschließend im Lehrerzimmer darüber zu „echauffieren". Das Kollegium sei hinsichtlich der Verbreitung antisemitischer Deutungsmuster „halt ein Spiegel der Gesellschaft". Vorgeschlagen wird auch die aktive Einbindung von Schüler_innen. Das Ziel sei hier, diese „starkmachen", sich „verbal zu wehren". Vorgeschlagen wird weiter eine Ausbildung zum „Schülerbotschafter" gegen Antisemitismus und Rassismus, in Anlehnung an die Streitschlichter_innen-Ausbildung. Die oben erwähnte Einschätzung hinsichtlich der Nicht-Bereitschaft zur Auseinandersetzung einiger Kolleg_innen geht so weit, dass Lehrer_innen in einer Diskussion darüber sprechen, eine direkte Arbeit mit den Schüler_innen könnte sinnvoller sein:

> „Und dann, wenn man es schaffen könnte sozusagen kritische Gruppen von Schülern zu sensibilisieren, dann kann man vielleicht auch die Lehrer so ein bisschen umgehen. Also so-. Ich will die Lehrer nicht umgehen, aber ich weiß eben nicht, wie man [es] bei den Lehrern geschickt machen kann"

Inspiriert durch eine Mediator_innen-Ausbildung für Schüler_innen wird an dieser Stelle überlegt, ein ähnliches Konzept in der Antisemitismusprävention einzusetzen, verbunden mit der Idee, Schüler_innen direkt zu sensibilisieren. Auf diese Weise wird Antisemitismus nur bei Jugendlichen identifiziert und die Verantwortung für seine Bearbeitung auf Schüler_innen verlagert. Interessant ist zudem, dass die Lehrer_innen in der Gruppendiskussion, aus der das Zitat stammt, den Umgang mit Antisemitismus zuvor als besonders herausfordernd bis überfordernd beschreiben. Sie problematisieren, dass sie ratlos seien, in welcher Form auch Kolleg_innen zu erreichen sein könnten, die aus ihrer Sicht Teil des Problems antisemitischer Strukturen an Schulen seien. Dennoch erscheinen „kritische Gruppen von Schülern" hier als ausreichend handlungsfähig, um gegen Antisemitismus intervenieren zu können. Vor dem Hintergrund der zuvor beschriebenen Deutungen von Antisemitismus als etwas Ungreifbarem, kann diese Idee daher auch als Projektion des Wunsches nach Handlungsfähigkeit auf die Schüler_innen gedeutet werden.

6.6 Lehrer_innen verweisen auf politische Verantwortung

Einzelne Interviewpartner_innen verweisen auch auf die bildungs- und sicherheitspolitische Verantwortung für die Arbeit gegen Antisemitismus an Schulen, die nicht nur an einzelne Lehrer_innen delegiert werden könne. In Verbindung mit dem Wunsch nach klaren Kriterien werden in einer Gruppendiskussion der Bedarf nach politischer Unterstützung sowie der Eindruck thematisiert, als Lehrer_in „alleine gelassen [zu] werde[n]" mit verschiedenen Problemen und Herausforderungen an Schulen: „Jetzt sollen wir auch noch [...] den Antisemitismus der Welt bekämpfen." Lehrer_innen thematisieren zudem ihre Beobachtung, dass einzelne Schulen, die sich offen mit Antisemitismus beschäftigten, in der öffentlichen Wahrnehmung dann mit diesem Thema als Schule problematisiert würden, statt dass Reflexionsbemühungen als Professionalität wahrgenommen würden. Diese Darstellung unterstreicht, dass die Arbeit gegen Antisemitismus nicht als Querschnittsaufgabe und Teil professioneller Arbeit an Schulen im Umgang mit gewaltförmigen Strukturen wahrgenommen wird, sondern als ein vereinzelt an bestimmten Schulen auftretendes Problem.

6.7 Vorstellungen von Begegnungen als Mittel gegen Antisemitismus

Ein im Datenmaterial dieser Studie vielfach formulierter Ansatzpunkt der Lehrer_innen beinhaltet die Vorstellung, dass die Begegnung mit Juden_Jüdinnen sowie das gezielte Zusammenbringen von nicht-jüdischen und jüdischen Schüler_innen in Klassenverbänden gegen Antisemitismus wirken und Vorurteile aufweichen könnten. Einzelne interviewte Lehrer_innen beschreiben Bildungsmomente, die sie beispielsweise im Rahmen eines israelisch-deutschen Schüleraustausches bei ihren Schüler_innen wahrgenommen haben. Solche Erfahrungen an einer israelisch-jüdischen Schule in einem selbstverständlich-jüdischen Kontext lassen sich als Irritation oder Bruch etablierter antisemitischer Narrationen einordnen. Zugleich ist eine grundsätzliche Kritik an begegnungspädagogischen Ansätzen auch auf Antisemitismus zu beziehen. Von Adorno wurde früh auf den Punkt gebracht, welche problematische Annahme hinter der Initiierung von solchen Begegnungen liege: „Man geht dabei allzu sehr von der Voraussetzung aus, der Antisemitismus habe etwas Wesentliches mit den Juden zu tun und könne durch konkrete Erfahrungen mit Juden bekämpft werden [...]" (Adorno 1971: 26). So sind begegnungspädagogische Ansätze differenziert zu betrachten, keine Selbstläufer zum Abbau antisemitischer Ressentiments und bedürfen einer reflektierten Vor- und Nachbereitung (vgl. hierzu Fischer/Holler 2020).

Im Datenmaterial wird vielfach die Vorstellung formuliert, gegen Antisemitismus durch die Begegnung mit Juden_Jüdinnen zu wirken. Lehrer_innen formulieren, welche Erfahrung ihre implizit als nicht-jüdisch vorausgesetzten Schüler_innen in einem Schüleraustausch mit israelischen Schüler_innen machen könnten. Dabei ginge es, so erklärt eine Lehrkraft, um folgende Erfahrung in der Begegnung:

> „[...] jetzt mal ganz salopp, Juden zum Anfassen, echte, zum Kuscheln und Gucken und Reden."

In dieser von der Lehrkraft selbst als „salopp" eingeordneten Aussage zeigt sich zugespitzt die Grundannahme hinter pädagogisch initiierten Begegnungen von nichtjüdischen Schüler_innen mit Juden_Jüdinnen: Durch die leibliche Erfahrung („zum Anfassen, [...] zum Kuscheln") mit den authentisch „echt[en]" Anderen sollen vorherige Annahmen über diese Anderen irritiert werden. Ohne den subjektiven Erfahrungsgewinn und die Horizonterweiterung, die mit internationalen Schüler_innenaustauschprogrammen verbunden sein kann, infrage stellen zu wollen, wird hier eine bestimmte Erwartung deutlich, die zwischenmenschliche Kontakte nicht einlösen können. Die Begegnung, die aus unterschiedlichen Gründen als sozial angenehm oder weniger angenehm erlebt werden kann, wird aufgeladen und Antisemitismus zugleich aus dominanzgesellschaftlicher Perspektive individualisiert als ein Vorurteil, das irritiert werden könnte im Kontakt. Die ‚Anderen', hier die jüdisch-israelischen Schüler_innen, werden funktionalisiert und reduziert auf die Aufgabe, den nicht-jüdischen Schüler_innen eine angenehme Begegnung zu ermöglichen, um Antisemitismus entgegenzuwirken.

Formuliert werden solche begegnungspädagogischen Annahmen auch in den durch verschiedene Interviewpartner_innen erwähnten Ideen von „bunt[en]" Klassen und einer Durchmischung jüdischer und nicht-jüdischer Schüler_innen, wobei mit letzteren hier insbesondere die „muslimischen Kinder[.]" gemeint sind:

„Aber ich denke, wir müssten die mischen. Die müssen zusammenkommen, sonst findet da kein Dialog statt und sonst brechen wir auch nicht die Konzepte der Kinder. Also wenn die mit diesen Ideen, mit diesen antisemitischen Konzepten in die Schule kommen, mit diesen Ideen, und die werden nicht aufgebrochen, weil die Lehrer die vielleicht nicht aufbrechen, und die treffen nicht auf ein jüdisches Kind, bleibt das bestehen. Ja, das wäre doch mal ein Ansatz. Oder zu sagen, eine jüdische Grundschule braucht einen prozentualen Teil an muslimischen Kindern."

Die Abwesenheit jüdischer Kinder erscheint hier als ein Problem, das das Aufbrechen antisemitischer Konzepte verhindert. Antisemitismus ist in dieser Lesart keine historisch weitergegebene, dominanzgesellschaftliche Struktur, sondern wird primär mit Jüdinnen_Juden selbst in Verbindung gebracht. Deutlich formuliert auch diese Lehrkraft ihre Hoffnung auf „den einen positiven Juden [...], der das ganze Bild verändert":

„Das Idealste wäre, wenn die Klassen tatsächlich so bunt sind, dass sich Schüler, wo das tatsächlich zutrifft, sich echt anfreunden. [...] Und dann hat man den einen positiven Juden, den einen positiven schwulen Menschen im Leben, den man kennt und der das ganze Bild verändert. Und wo man sagt, naja, ich habe das früher immer gesagt, aber es gibt da jemanden und der ist anders. Dann sagt man, ja, warum denkst du sind die anderen nicht auch anders? Dass man das einfach mal akzeptiert. Also das wäre das Ideale, was ich denke, nur ganz selten so vorkommt."

An anderen Stellen des Datenmaterials wird jedoch deutlich, dass die Fantasie von Begegnungen als Ansatzpunkt gegen Antisemitismus geradezu gegenteilige Einordnungen produzieren kann, wenn sie real im Alltag erlebt wird. Dies wird insbesondere in einer Gruppendiskussion deutlich, in der Stereotype von sich vermeintlich abschottenden Jüdinnen_Juden reproduziert werden. Festgemacht wird dies unter anderem an Spielplatzbegegnungen mit jüdischen Müttern, die sichtbare religiöse Symbole tragen:

„Ich finde das schön, wenn das so gemischt ist, aber ich glaube, das ist nicht problemfrei. Das merkt man auch zum Beispiel daran, dass eigentlich ich mit den-, mit den jüdisch-orthodoxen Müttern kommst Du zum Beispiel nicht ins Gespräch. Tatsächlich. Also, die suchen das auch nicht."

Eine weitere dominanzgesellschaftliche Wir-Die-Differenz wird in dieser Diskussion anhand von Kindern mit sichtbaren religiösen Symbolen aufgemacht. In der Diagnose der Lehrkraft seien diese für „unsere Kinder [...] auch schon seltsam":

„Also, ich sehe auch nicht die orthodox-jüdischen Kinder mit den anderen Kindern wirklich spielen auf dem Spielplatz. Die suchen sich nicht. Warum auch immer. Aber

> sie sind auch anders schon angezogen. Es ist etwas Anderes. […] Das ist für unsere Kinder, glaube ich, auch schon seltsam. Wobei es ein extremes Beispiel ist. Wenn unsere Jungs jetzt sich die Jungs mit den Schläfenlocken und mit der Kippa zum Spielen suchen würden, das ist, glaube ich, ein bisschen anders. Und mit den-, diesen weißen-, … diesen weißen Fransen."

In der Sequenzlogik erscheinen „unsere Jungs", also die nichtjüdischen, zur Wir-Gruppe gehörenden Kinder, als Kontrast zu den „Jungs mit den Schläfenlocken und mit der Kippa". Statt einer Reflexion des eigenen Empfindens und der Beschäftigung damit, warum jüdische Kinder mit religiösen Frisuren und Bekleidungselementen als „seltsam[e]" Irritation empfunden werden oder eine Einordnung, warum sie in Deutschland eher selten Teil des Straßenbildes sind, werden jüdische Kinder zu den Anderen gemacht und die eigenen Befremdungsgefühle werden auf „unsere" Kinder projiziert. Jüdische religiöse Zugehörigkeit erscheint als seltsame Ausnahmeerscheinung, nicht als etwas, was Teil der Gesellschaft und des Alltags sein könnte, es vor dem Hintergrund des Genozids im Nationalsozialismus und der gegenwärtigen antisemitischen Bedrohung aber nicht ist. Diese und ähnliche Sequenzen zeigen, wie begründet die von Juden_Jüdinnen teilweise geäußerten Bedenken sind, ihre jüdische Zugehörigkeit und/oder die ihrer Kinder öffentlich zu zeigen (vgl. Chernivsky et al. 2022; zum Thema Sicherheitsbedenken siehe auch Steinke 2020).

Im weiteren Diskussionsverlauf wird als (pädagogischer) Ansatzpunkt gegen Antisemitismus die sogenannten „Signale" von „jüdischer Seite" als Anpassungsleistung von Juden_Jüdinnen eingebracht und gleichzeitig die vermeintliche „Separierung" als Anlass oder Grund für Antisemitismus benannt.

> „Wenn man das jetzt mehr öffnen würde und auch mehr Bezug nehmen würde, ob dann von-, von jüdischer Seite das als so ein Signal zum sich selbst öffnen und-, also, wie- der neue Versuche zu wagen, so-, so normal wie möglich zu sein. Bei jeder Form von Separierung ist es ja nun einmal, dass ein anderer dich ausschließen kann."

„[S]o normal wie möglich zu sein", bedeutet im Kontext des Diskussionsverlaufs, keine jüdischen Symbole zu tragen, sich also dominanzgesellschaftlichen Normalitätsvorstellungen hinsichtlich der Kleidung und der Frisuren anzupassen, um Ausschluss vorzubeugen. Solche Sequenzen verweisen auf Anknüpfungen an antisemitisch konnotierte Deutungsmuster, die von der zitierten Lehrkraft in der Erklärung ihrer Wahrnehmung eingesetzt werden. Deutlich werden an diesen Sequenzen die anhaltende Beliebtheit von begegnungspädagogischen Ideen und die daran geknüpften pädagogischen Erwartungen. Zugleich zeigen sich darüber teilweise exotisierende und ausgrenzende Affekte und Reaktionen auf Juden_Jüdinnen.

7 Resümee

Antisemitische (Sprach-)Handlungen sind, den empirischen Befunden der Studie folgend, Teil des Schulalltags. Dabei bestimmen die Rezeptionen, Deutungen und Reaktionen von Lehrer_innen und Schulleitungen, ob und wie antisemitische Situationen als Diskriminierung und Gewalt eingeordnet werden und wie schließlich darauf reagiert wird. Die in diesem Buch dargestellten Befunde zeigen, wie und mit welchen Fokussierungen Lehrer_innen und Schulleitungen an Berliner Schulen über Antisemitismus sprechen, antisemitische Situationen verhandeln und wie sie antisemitische Strukturen sowie ihre eigenen Interventionen und die ihrer Kolleg_innen reflektieren und einordnen. Dabei wird deutlich, dass Antisemitismus als diffuses Ressentiment oder als Ideologiefragment auch in Kollegien eine Rolle spielt und gar Teil der Deutungsmuster und Orientierungen einzelner Lehrer_innen ist. Antisemitismus an Schulen zeigt sich somit als ein Thema, das zunächst die Lehrer_innen selbst betrifft. Sie sind gleichwohl nicht die einzigen Akteur_innen und tragen nicht die Gesamtverantwortung für die Lösung des Problems. Sie sind jedoch Teil der Machtverhältnisse im Mikrokosmos Schule und wichtige Bezugspersonen in der Lehrer_innen-Schüler_innen-Kommunikation. Sie können diese Beziehungen und ihre Handlungsmacht nutzen, um wirksam zu handeln, sie können aber auch – unbeabsichtigt – die Spannungen verschärfen. Im Umgang mit antisemitischen Übergriffen sind sie ein Teil des Problems und es kommt im Wesentlichen darauf an, ob sie diese Verwobenheit erkennen, akzeptieren und reflektieren können.

Hervorzuheben ist die große Bereitschaft der interviewten Lehrer_innen und Schulleitungen, ihre Fragen und Wissenslücken zu durchdringen und Unterstützungsbedarfe zu formulieren, sowohl in Bezug auf schulische Konzepte zum Umgang mit Antisemitismus als auch auf externe Angebote der Fortbildung und be gleitenden Fallarbeit.

Die meisten Interviewpartner_innen drücken ein Bewusstsein für das Problem des Antisemitismus in ihren Schulen aus. Sie positionieren sich zum größten Teil antisemitismuskritisch und können einzelne Strukturelemente der gegenwärtigen Judenfeindschaft auf explizite Nachfrage hin theoretisch erfassen und beschreiben. Zugleich zeigt sich in ihren Schilderungen von gewaltförmigen Situationen eine große Vorsicht und Ambivalenz hinsichtlich deren Einschätzung und Einordnung und der entsprechenden Intervention. Deutlich ist auch eine Tendenz zur Relativierung oder Umdeutung von antisemitischen (Sprach-) Handlungen und Übergriffen. Wird im Material eine deutliche Intervention beschrieben, erfolgt diese auf einer moralisch-appellativen Ebene und zielt auf die Initiierung von Bildungsprozessen, die sich nahezu ausschließlich auf die gewaltausübenden Schüler_innen richten. Ferner folgen die meisten Lehrer_innen der verbreiteten Vorstellung, Antisemitismus sei vorwiegend unter Jugendlichen zu finden. Mit Interventionen ist zudem das Anliegen verbunden, einen Konsens darüber herzustellen, dass Antisemitismus an der eigenen Schule nicht ausagiert werden darf. Die Schüler_innen, gegen die sich antisemitische Übergriffe richten, tauchen in den Interventionsschilderungen selten auf. Ihre Perspektiven und Bedarfe bleiben unsichtbar und stehen nicht im Fokus der Intervention. Dies unterstreicht die Notwendigkeit, empirisch fundiertes Wissen über Antisemitismuserfahrungen und jüdische Perspektiven darauf in die weitere Forschung und in die fachpolitische sowie pädagogische Diskussion zu Antisemitismus an Schulen einzubeziehen.

Aus den Interviews lässt sich rekonstruieren, dass Lehrer_innen antisemitische Vorfälle durchaus erkennen, in ihrer Bearbeitung aber ambivalent sind. Sie bewegen sich im Spannungsfeld zwischen moralischen Ansprüchen und einem Distanzierungsbedürfnis von allen Fragen und Inhalten, die mit Antisemitismus einhergehen können. Es zeigt sich eine starke biografische und emotionale Distanz von Antisemitismus als gegenwärtige Machtstruktur mit subjektiven und strukturellen Wirkungen und Gewalterfahrungen. Antisemitische Situationen werden nicht im Kontext der Gewalt oder Diskriminierung gelesen, sondern als ein abstraktes Antisemitismusproblem. Antisemitismus wird unter anderem als „chimärisch“ beschrieben, als etwas, das „so einfach aus der Luft heraus“ kommt. Der historische Antisemitismus wird dadurch nicht zwingend mit gegenwärtigem Antisemitismus in Beziehung gesetzt und erscheint dadurch kontextfrei. Die sich im Material vielfach zeigende Vorsicht und Unentschlossenheit im Handeln ist aus der Perspektive der Lehrer_innen (kollektiv-)biografisch nachvollziehbar: Sie spiegelt ihre eigene Lernbiografie und ihre Einsozialisierung in das Thema der Shoah, des Judentums und des Antisemitismus wider. Darin angelegte Formen abstrakter Berührungen mit Geschichte und Gegenwart von Judenfeindschaft in der Post-Shoah-Gesellschaft tragen sich oftmals in die Praxis weiter – im Impuls, mit Antisemitismus nichts zu tun zu haben und ihn dadurch abstrakt und distanziert zu behandeln. Dieser ambivalente Umgang in Verbindung mit institutionell fehlenden schulischen Konzepten wirkt sich auf die Verfestigung antisemitischer Strukturen an Schulen aus und erhöht die Bedrohung und Unsicherheit für antisemitisch attackierte Schüler_innen und ihre Familien, die sich nicht darauf verlassen können, dass Lehrer_innen antisemitische (Sprach-)Handlungen erkennen, einordnen und von selbst dagegen intervenieren (vgl. Chernivsky et al. 2020). Insgesamt verweisen die Befunde auf die Notwendigkeit, antisemitische Artikulationen stets vor dem Hintergrund ihrer gesellschaftlichen Relevanz bei gleichzeitiger Berücksichtigung individueller Auswirkungen zu thematisieren. Dies sollte nicht nur sporadisch erfolgen, sondern als Teil der Qualitätssicherung und des fächerübergreifenden Unterrichts und in die Schulentwicklung einfließen. Das Handlungsfeld Schule hat mehrere Akteur_innenebenen, die bei Prävention und Intervention von Bedeutung sind. Für die schulische Praxis ist es grundlegend zu begreifen, dass der institutionelle Rahmen – Länderverfassungen, Schulgesetze, Lehrpläne – maßgeblich ist und die Verantwortung nicht allein bei den einzelnen Lehrkräften liegt, sondern auch bei der Kultusministerkonferenz, Kultusministerien, Schulaufsichtsbehörden und Schulleitungen. Auf diese Weise ist es unverzichtbar, die Studienerkenntnisse strukturell zu denken, um die individuellen Erkenntnisse mit weiteren Akteur_innenebenen zu verschränken und institutionell zu implementieren. Inwieweit diese Befunde spezifisch für die Berliner Schullandschaft sind, ist in Vergleichen mit weiteren bundeslandbezogenen Studien zu überprüfen, die in den nächsten Jahren geplant sind.

Resümierend lassen sich aus den empirischen Befunden der vorliegenden Studie folgende Empfehlungen ableiten:

- Weiterentwicklung und strukturelle Implementierung schulischer Konzepte zum Umgang mit Kontinuität antisemitischer Gewalt und Diskriminierung, in denen auch Erfahrungen von und Unterstützungsangebote für die von antisemitischer Gewalt betroffenen Schüler_innen mitbedacht sind.
- Implementierung von Qualitätskriterien antisemitismuskritischer Bildung für die Weiterentwicklung und kritische Anpassung von Vermittlungsformen und Unterrichtsmaterialien.
- Berufsbegleitende Schulung und Implementierung von Interventionskonzepten und eines Beschwerdemanagements zum Umgang mit antisemitischen Situationen und Übergriffen einschließlich der Grundsätze von Antidiskriminierung und Opferschutz.
- Angebote der Fort- und Weiterbildung und externen Fallberatung, die Lehrer_innen, Erzieher_innen und weitere Kolleg_innen in der Bearbeitung antisemitischer Übergriffe niedrigschwellig nutzen können.
- Implementierung von Bildungsangeboten zu Antisemitismus und Diskriminierung im Lehramtsstudium, mit denen Lehrer_innen ihre berufsbiografische Beziehung zum Thema Antisemitismus reflektieren und mit theoretischen Konzepten in Beziehung setzen können.

Literatur

Adorno, Theodor W. (1955): Schuld und Abwehr. Eine qualitative Analyse zum Gruppenexperiment. In: Ders.: Gesammelte Schriften, Bd. 9.2. Frankfurt am Main 1997, S. 121–324.

Adorno, Theodor W. (1969): Stichworte. Kritische Modelle, 2nd edition. Frankfurt am Main: Suhrkamp.

Adorno, Theodor W. (1971): Erziehung zur Mündigkeit. Frankfurt am Main: Suhrkamp, S. 26.

Adorno, Theodor/Horkheimer, Max (1988): Dialektik der Aufklärung – Elemente des Antisemitismus. Frankfurt am Main: Fischer Taschenbuch.

Amadeu Antonio Stiftung (2020): in Zukunft: Jugendarbeit antisemitismuskritisch, rassismuskritisch und empowernd. Berlin: Amadeu Antonio Stiftung (Hrsg.). Als Download verfügbar unter: https://www.amadeu-antonio-stiftung.de/wp-content/uploads/2019/11/Handreichung-in-zukunft_juan.pdf.

Antidiskriminierungsstelle des Bundes (2019): Diskriminierung an Schulen erkennen und vermeiden. Praxisleitfaden zum Abbau von Diskriminierung in der Schule. Als Download verfügbar unter: https://www.antidiskriminierungsstelle.de/SharedDocs/Downloads/DE/publikationen/Leitfaeden/Leitfaden_Diskriminierung_an_Schulen_erkennen_u_vermeiden.pdf?blob=publicationFile&v=4 (Letzter Zugriff am 02.03.2023).

Antisemitismusbericht des Zweiten Unabhängigen Expertenkreises Antisemitismus des Deutschen Bundestages (2017): https://dip21.bundestag.de/dip21/btd/18/119/181 1970.pdf (letzter Zugriff am 02.10.2020).

Arndt, Susan/Ofuatey-Alazard, Nadja (2011) (Hrsg.): Wie Rassismus aus Wörtern spricht: (K)Erben des Kolonialismus im Wissensarchiv deutsche Sprache. Ein kritisches Nachschlagewerk. Münster: Unrast.

Baer, Susanne/Bittner, Melanie/Göttsche, Anna Lena (2010): Mehrdimensionale Diskriminierung – Begriffe, Theorien und juristische Analyse, Antidiskriminierungsstelle des Bundes.

Bar-On, Dan (2006): Die Anderen in uns. Dialog als Modell der interkulturellen Konfliktbewältigung. 2. Auflage 2006. Edition Körber Stiftung.

Bergmann, Werner (2006): „Nicht immer als Tätervolk dastehen". Zum Phänomen des Schuldabwehr-Antisemitismus in Deutschland. In: Dirk Ansorge (Hrsg.), Antisemitismus in Europa und in der arabischen Welt, Paderborn und Frankfurt am Main: Bonifatius-Verlag, S. 81–106.

Bergmann, Werner/Erb, Rainer (1986): Kommunikationslatenz, Moral und öffentliche Meinung. Theoretische Überlegungen zum Antisemitismus in der BRD. In: Kölner Zeitschrift für Soziologie und Sozialpsychologie, 38 (1986) 2, S. 223–246.

Bergmann, Werner/Erb, Rainer (1991): „Mir ist das Thema Juden irgendwie unangenehm". Kommunikationslatenz und die Wahrnehmung des Meinungsklimas im Fall des Antisemitismus. In: Kölner Zeitschrift für Soziologie und Sozialpsychologie, 43 (1991) 3, S. 502–519.

Bernstein, Julia (2020): Antisemitismus an der Schule: Befunde – Analysen – Handlungsoptionen. Weinheim und Basel: Beltz Juventa.

Bernstein, Julia/Diddens, Florian/Friedlender, Nathalie/Theiss, Ricarda (2018): „Mach mal keine Judenaktion!": Herausforderungen und Lösungsansätze in der professionellen Bildungs- und Sozialarbeit gegen Antisemitismus. Frankfurt am Main. Download verfügbar unter: https://www.frankfurt-university.de/fileadmin/standard/Aktuelles/Pressemitteilungen/Mach_mal_keine_JudenaktionHerausforderungen_und_Loesungsansaetze_in_der_professionellen_Bildungs-_und_Sozialarbeit_gegen_Anti. pdf (Letzter Zugriff am 02.10.2020).

Botsch, Gideon (2014): Von der Judenfeindschaft zum Antisemitismus. Ein historischer Überblick. In: Aus Politik und Zeitgeschichte (APUZ 28–30/ 2014): Antisemitismus. Bonn: Bundeszentrale für politische Bildung.

Brauer, Juliane (2019): Geschichtskultur, Emotionen und historisches Lernen. In: Besand, Anja/Overwien, Bernd/Zorn, Peter (Hrsg.): Politische Bildung mit Gefühl. Bonn: bpb, S. 233–245.

Brückner, Margrit (2001): Gewalt gegen Kinder, Frauen und in Familien. In: Otto, Hans-Uwe/ Thiersch, Hans (Hrsg.): Handbuch der Sozialarbeit/Sozialpädagogik. 2., völlig neu überarbeitete Auflage, Luchterhand: Neuwied/Kriftel, S. 723–729.

Chernivsky, Marina (2016): Zwischen Generationen: Wirkungsgeschichte des NS und familienbiographische Reflexion der Enkel_innen-Generation in Form einer mehrjährigen Intervisionsgruppe. In: Chernivsky, Marina/Scheuring, Jana (Hrsg.): Gefühlserbschaften im Umbruch. Frankfurt am Main: ZWST.

Chernivsky, Marina (2017): Biografisch geprägte Perspektiven auf Antisemitismus. In: Mendel, Meron / Messerschmidt, Astrid (Hrsg.): Fragiler Konsens – Antisemitismuskritische Bildung in der Migrationsgesellschaft. Frankfurt am Main: Campus Verlag, S. 269–278.

Chernivsky, Marina (2019): Lernen am sicheren Ort – Antisemitismus an Schulen entgegenwirken. In: Medaon 13 (2019), S. 24.

Chernivsky, Marina/Lorenz, Friederike/Schweitzer, Johanna (2022): Von Antisemitismus betroffenen sein. Erfahrungen und Umgangsweisen jüdischer Familien und junger Erwachsener. Weinheim/Basel: Beltz Juventa.

Chernivsky, Marina/Lorenz-Sinai, Friederike (2022b): „Keine schwerwiegenden Vorfälle" – Deutungen von Antisemitismus durch pädagogische Teams an Gedenkstätten zu ehemaligen Konzentrationslagern. In: ZRex – Zeitschrift für Rechtsextremismusforschung, 1-2022, S. 22–40.

Chernivsky, Marina/Lorenz-Sinai, Friederike (Hrsg.) (2022a): Die Shoah in Bildung und Erziehung heute – Weitergaben und Wirkungen in Gegenwartsverhältnissen. Leverkusen: Verlag Barbara Budrich.

Clarke, Adele E. (2012): Situationsanalyse – Grounded Theory nach dem Postmodern Turn. Hrsg. u. mit einem Vorwort v. Reiner Keller. Wiesbaden: Springer VS.

Decker, Oliver/Brähler, Elmar (2020): Autoritäre Dynamiken. Alte Ressentiments – neue Radikalität. Gießen: Psychosozial-Verlag, https://home.uni-leipzig.de/decker/LAS_2020.pdf.

Derrida, Jacques (1976): Gewalt und Metaphysik. Essay über das Denken Emmanuel Levinas. In: Die Schrift und die Differenz. Frankfurt am Main, S. 121–235.

Deutsch-Israelische Schulbuchkomission (Hrsg.) (2015): Deutsch-israelische Schulbuchempfehlungen, Göttingen.

Dreyer, Rahel/Nentwig-Gesemann, Iris/Schäuble, Barbara/Voß, Stephan (2016): Eine Debatte zwischen Hochschule und Praxis. In: alice – Magazin der Alice Salomon Hochschule Berlin, Nr. 31/216.

Eckmann, Monique (2007): Vielfalt (be)achten: Unterschiedliche Bezüge und Narrative zur Geschichte des Nationalsozialismus. In: Der Umgang mit der Zeit des Nationalsozialismus: Perspektiven des Erinnerns, ed. Landeshauptstadt München, Kulturreferat, 95–104. München: Landeshauptstadt München, Kulturreferat.

Enzenbach, Isabel (2012): Antisemitismus als soziale Praxis. In: Aus Politik und Zeitgeschichte 62 (2012), 16–17, S. 58–62.

Equit, Claudia/Schmidt, Holger (2016): Theoretische Rahmung von (Gewalt-)Situationen. Implikationen für die Forschung. In: Equit, Claudia/Gronemeyer, Axel/Schmidt, Holger (Hrsg.): Situationen der Gewalt. Weinheim und München; Beltz Juventa, S. 40–64.

Fischer, Ruth/Holler, Malte (2020): Anerkennung durch Kennenlernen? Begegnungsansätze. In: Anders denken – Die Onlineplattform für Antisemitismuskritik und Bildungsarbeit. Kreuzberger Initiative gegen Antisemitismus – KIgA, Berlin. https://www.anders-denken.info/informieren/begegnungsans%C3%A4tze-0 (zuletzt aufgerufen am 24.09.2020).

Flick, Uwe (2011): Qualitative Sozialforschung – Eine Einführung. 4. Auflage. Reinbek bei Hamburg: Rowohlt.

Forsa (2017): Geschichtsunterricht. forsa Politik- und Sozialforschung GmbH, Berlin. Download verfügbar unter: https://www.koerber-stiftung.de/fileadmin/user_upload/koerber-stiftung/redaktion/handlungsfeld_internationale-verstaendigung/pdf/2017/Ergebnisse_forsa-Umfrage_Geschichtsunterricht_Koerber-Stiftung.pdf

Fundamental Rights Agency (FRA) (2018): Experiences and perceptions of antisemitism. Second survey on discrimination and hate crime against Jews in the EU. Wien. Download verfügbar unter: https://fra.europa.eu/sites/default/files/fra_uploads/fra-2018-experiences-and-perceptions-of-antisemitism-survey-summary_en.pdf (Letzter Zugriff am 10.03.2023).

Gryglewski, Elke (2018): Historische Bildung zum Nationalsozialismus und der Shoah – Entwicklungslinien, Herausforderungen und Chancen. In: Brumlik, Micha/Chernivsky, Marina/Czollek,

Max/Peaceman, Hannah/Shapira, Anna/Wohl von Haselberg, Leah (Hrsg.): Jalta – Positionen zur jüdischen Gegenwart: Gegenwartsbewältigung, H. 2/2018, S. 101–105.
Hall, Stuart (1997): The Spectacle of the "Other". In: Ders. (Hrsg.): Representation. Cultural Representations and Signifying Practices. London 1997, S. 223–290.
Herman, Judith (2003): Die Narben der Gewalt. Traumatische Erfahrungen verstehen und überwinden. Paderborn: Junfermann.
Heyl, Matthias/Ahlheim, Klaus (Hrsg.) (2013): Adorno reviseted. Erziehung nach Auschwitz und Erziehung zur Mündigkeit heute. Kritische Beiträge zur Bildungswissenschaft Bd. 3, erw. Auflage. Zürich: Offizin-Verlag.
Institut für interdisziplinäre Konflikt- und Gewaltforschung/Stiftung „Erinnerung, Verantwortung, Zukunft" (Hrsg.) (2020): Multidimensionaler Erinnerungsmonitor (MEMO). Bielefeld/Berlin.
Jureit, Ulrike/Schneider, Christian (2010): Gefühlte Opfer. Illusionen der Vergangenheitsbewältigung. Stuttgart: Klett-Cotta.
Kistenmacher, Olaf (2017): Schuldabwehr-Antisemitismus als Herausforderung für die Pädagogik gegen Judenfeindschaft. In: Messerschmidt, Astrid/Mendel, Meron (Hrsg.): Fragiler Konsens. Antisemitismuskritische Bildung in der Migrationsgesellschaft, S. 203–222.
Klatetzki, Thomas (2019): Narrative Praktiken – Die Bearbeitung sozialer Probleme in den Organisationen der Kinder- und Jugendhilfe. Weinheim und Basel: Beltz Juventa.
Kloke, Martin (2017): Tatsachen und Legenden: Juden, Judentum und Israel in deutschen Schulbüchern. In: Nun gehe und lerne. Themenheft 2017 des Deutschen Koordinierungsrates der Gesellschaften für Christlich-Jüdische Zusammenarbeit, Bad Nauheim, S. 43–46.
Knöbl, Wolfgang (2015): Ist Gewalt erklärbar? Zweiter Kommentar. In: Mittelweg 36 – Zeitschrift des Hamburger Instituts für Sozialforschung: Der Gewalt ins Auge sehen. H. 4/2015, S. 21–24.
Kuchler, Christian (2013): Den Opfern eine Stimme geben. Jüdische Perspektiven auf den Holocaust im Geschichtsunterricht. In: Gautschi, Peter/Zühlsdorf-Kersting, Meik/Ziegler, Béatrice (Hrsg.): Shoah und Schule. Lehren und Lernen im 21. Jahrhundert. Zürich: Chronos Verlag, S. 171–190.
Liebsch, Burkhard (2007): Subtile Gewalt: Spielräume sprachlicher Verletzbarkeit. Velbrück.
Lorenz, Friederike/Levenson, Lance/Resnik, Julia/Kessl, Fabian (2021): German Teachers Learning about the Shoah in Israel – An Ethnography of Emotional Heritage and Contemporary Encounters. Jerusalem, Wuppertal: Hebrew University of Jerusalem/Bergische Universität Wuppertal (Hrsg.).
Lorenz-Sinai, Friederike (2022): Gefühlserbschaften und Narrative von Lehrer_innen zur Shoah. In: Chernivsky, Marina/Lorenz-Sinai, Friederike (Hrsg.) (2022): Die Shoah in Bildung und Erziehung heute – Weitergaben und Wirkungen in Gegenwartsverhältnissen. Leverskusen: Verlag Barbara Budrich, S. 101–118.
McGarty, Craig/Yzerbyt, Vincent Y./Spears, Russell (2002): Stereotypes as explanations: The formation of meaningful beliefs about social groups. Cambridge, UK.
Mecheril, Paul (2010): Migrationspädagogik. Hinführung zu einer Perspektive. In: Mecheril, Paul, Castro Varela, María do Mar; Dirim, İnci; Kalpaka, Annita & Melter, Claus (Hrsg.).: Migrationspädagogik. Weinheim und Basel: Beltz.
Mendel, Meron/Messerschmidt, Astrid (2017) (Hrsg.): Fragiler Konsens. Antisemitismuskritische Bildung in der Migrationsgesellschaft, Frankfurt am Main/New York: Campus Verlag.
Messerschmidt, Astrid (2010): Kritische Zugehörigkeit als Ausdruck geschichtsbewusster Integrationsarbeit. In: Neuköllner Stadtteilmütter und ihre Auseinandersetzung mit der Geschichte des Nationalsozialismus. Ein Projekt von Aktion Sühnezeichen Friedensdienste, ed. Aktion Sühnezeichen Friedensdienste, 25–30. Berlin: Selbstverlag.
Messerschmidt, Astrid (2014): (Un)Sagbares – Über die Thematisierbarkeit von Rassismus und Antisemitismus im Kontext postkolonialer und postnationalistischer Verhältnisse. In: Chernivsky, Marina/Friedrich, Christiane/Scheuring, Jana (Hrsg.): Praxiswelten – Zwischenräume der Veränderung – Neue Wege zur Kompetenzerweiterung, ZWST, S. 55–74.
Messerschmidt, Astrid (2015a): Thematisierung von Antisemitismus. In: „Woher komme ich?" Reflexive und methodische Anregungen für eine rassismuskritische Bildungsarbeit. Diakonie Württemberg e.V. (Hrsg.).
Messerschmidt, Astrid (2015b): Ordnungen der Reinheit – Antisemitismuskritik in der Reflexion von Selbstbildern. Vortrag in der Evangelischen Akademie Berlin am 5. September 2015. Online abrufbar: https://www.eaberlin.de/nachlese/chronologisch-nach-jahren/2015/vortrag-antisemitismus/.

Messerschmidt, Astrid (2018): Selbstbilder in der postnationalsozialistischen Gesellschaft. In: Brumlik, Micha/Chernivsky, Marina/Czollek, Max/Peaceman, Hannah/Shapira, Anna/Wohl von Haselberg, Leah (Hrsg.): Jalta – Positionen zur jüdischen Gegenwart: Gegenwartsbewältigung, H. 2/2018, S. 38–46.
Mkayton, Noa (2011): „... the great danger is tears ..." - Die Bedeutung von Empathie und Emotionen im Holocaustunterricht. In: Zeitschrift für Didaktik der Gesellschaftswissenschaften. S. 28–48.
Moré, Angela (2013): Die unbewusste Weitergabe von Traumata und Schuldverstrickungen an nachfolgende Generationen. In: Journal für Psychologie 21,2 (2013), Art. 2. Online: https://www.journal-fuer-psychologie.de/index.php/jfp/article/view/268/310 (zuletzt aufgerufen am 01.10.2020).
Moré, Angela (2016): Im Schatten der Schuld. Psychische Belastungen bei den Nachkommen von Tätern und Täterinnen (Psychoanalytische Herbstakademie der DPG Hamburg).
Müller-Hohagen, Ingeborg (2005): Verleugnet, verdrängt, verschwiegen. Die seelischen Nachwirkungen der NS-Zeit und Wege zu ihrer Überwindung. München: Kösel.
Ottmüller, Uta (2015): Schwarze Löcher: Unbewusste Erbschaften des Nationalsozialismus. In: Lernen aus der Geschichte, 01.07.2015. http://lernen-aus-der-geschichte.de/Lernen-und-Lehren/content/12460 (zuletzt aufgerufen am 29.09.2020).
Papendick, Michael/Rees, Jonas/Scholz, Maren Scholz/Zick, Andreas (2022): Memo 2022 – Multidimensionaler Erinnerungsmonitor. Institut für interdisziplinäre Konflikt- und Gewaltforschung (IKG), Universität Bielefeld.
Peters, Helge (2016): Situationen der Gewalt unter definitionstheoretischer Perspektive. In: Equit, Claudia/Gronemeyer, Axel/Schmidt, Holger (Hrsg.): Situationen der Gewalt. Weinheim und München, S. 107–129.
Pohl, Rolf (2010): Der antisemitische Wahn. Aktuelle Ansätze zur Psychoanalyse einer sozialen Pathologie. In: Stender, Wolfram/Follert, Guido/Özdogan, Mihri (Hrsg.): Konstellationen des Antisemitismus. Antisemitismusforschung und sozialpädagogische Praxis. Wiesbaden: VS Verlag für Sozialwissenschaften, S. 41–68.
Przyborski, Aglaja/Riegler, Julia (2010): Gruppendiskussion und Fokusgruppe. In: Mey, Günther/Mruck, Katja (Hrsg.): Handbuch Qualitative Forschung in der Psychologie. Wiesbaden: VS Verlag für Sozialwissenschaften, S. 436–448.
Rabinovici, Doron/Speck, Ulrich/Sznaider, Nathan (2004): Neuer Antisemitismus? Eine globale Debatte. Berlin: Edition Suhkamp.
Radvan, Heike (2010a): Pädagogisches Handeln und Antisemitismus – Eine empirische Studie zu Beobachtungs- und Interventionsformen in der offenen Jugendarbeit. Bad Heilbrunn: Julius Klinkhardt.
Radvan, Heike (2010b): Formen pädagogischer Intervention im Horizont wahrgenommener Antisemitismen. Perspektiven für Aus- und Weiterbildung von Jugendpädagog_innen. In: Stender, Wolfram/Follert, Guido/Özdogan, Mihri (Hrsg.) (2010): Konstellationen des Antisemitismus – Antisemitismusforschung und sozialpädagogische Praxis. Wiesbaden, S. 165–185.
Ranc, Juljana (2016): Eventuell nichtgewollter Antisemitismus. Zur Kommunikation antijüdischer Ressentiments unter deutschen Durchschnittsbürgern. Münster.
Reckwitz, Andreas (2003): Grundelemente einer Theorie sozialer Praktiken. Eine sozialtheoretische Perspektive. In: Zeitschrift für Soziologie, Jg. 32, H. 4, S. 282–301.
Rensmann, Lars (2004): Demokratie und Judenbild. Antisemitismus in der politischen Kultur der Bundesrepublik Deutschland. Wiesbaden: VS-Verlag für Sozialwissenschaften.
Rensmann, Lars (2013): Die Ausgrenzung des Eigenen und die Exklusion der Anderen: Zur Politischen Psychologie des Antisemitismus heute, Psychoanalyse: Texte zur Sozialforschung 9, 2 (2013): S. 156-190.
Rensmann, Lars (2021): Israelbezogener Antisemitismus. Formen, Geschichte, empirische Befunde. Dossier Antisemitismus. Bundeszentrale für Politische Bildung: https://www.bpb.de/politik/extremismus/antisemitismus/326790/israelbezogener-antisemitismus
Riel, Raphael van (2005): Gedanken zum Gewaltbegriff – drei Perspektiven. Arbeitspapier 5/2005. Universität Hamburg IPW.
Rommelspacher, Birgit (1995/1977): Schuldlos-Schuldig? Wie sich junge Frauen mit Antisemitismus auseinandersetzen. Hamburg: Konkret Literatur Verlag.
Rosenthal, Gabriele (1995): Erlebte und erzählte Lebensgeschichte: Gestalt und Struktur biographischer Selbstbeschreibungen. Heidelberg: Springer-Verlag.
Rosenthal, Gabriele (1997) (Hrsg.): Der Holocaust im Leben von drei Generationen: Familien von Überlebenden der Shoah und von Nazi-Tätern. Gießen: Edition Psychosozial.

Rosenthal, Gabriele (2015): Interpretative Sozialforschung. Eine Einführung. 5. Auflage. Weinheim und Basel: Beltz Juventa.

Salzborn, Samuel (2020): Kollektive Unschuld. Die Abwehr der Shoah im deutschen Erinnern. Leipzig: Hentrich & Hentrich.

Salzborn, Samuel/Kurth, Alexandra (2019): Antisemitismus in der Schule. Erkenntnisstand und Handlungsperspektiven. Wissenschaftliches Gutachten. Berlin/Gießen. Download verfügbar unter: https://www.tu-berlin.de/fileadmin/i65/ Dokumente/Antisemitismus-Schule.pdf

Salzborn, Samuel/Kurth, Alexandra (2020): Antisemitismus in der Schule – Erkenntnisstand und Handlungsperspektiven. In: Salzborn, Samuel (Hrsg.) Schule und Antisemitismus – Politische Bestandsaufnahme und pädagogische Handlungsmöglichkeiten. Weinheim und Basel: Beltz Juventa.

Schäuble, Barbara (2013): Was haben wir damit zu tun? Zum pädagogischen Umgang mit Antisemitismus. In: Widerspruchstoleranz – Ein Theorie und Praxishandbuch zu Antisemitismuskritik und Bildungsarbeit. KIgA Berlin.

Schäuble, Barbara (2016): Antijüdische Diskriminierung. In: Scherr, Albert/El-Mafaalani, Aladin/ Yüksel, Emine (Hrsg.): Handbuch Diskriminierung. Wiesbaden, S. 1–20.

Schäuble, Barbara (2017): Vom Sprechen und Schweigen über Antisemitismus. Fragen, Herausforderungen, Handlungsoptionen. Beitrag während einer Podiumsdiskussion. In: Kompetenzzentrum für Prävention und Empowerment (ZWST) (Hrsg.): Vom Sprechen und Schweigen über Antisemitismus. Frankfurt am Main: Zentralwohlfahrtsstelle der Juden in Deutschland e.V. 2017, S. 13–19.

Schäuble, Barbara/Radvan, Heike (2016): Zur Auseinandersetzung mit Antisemitismus in der Sozialen Arbeit. Eine Spurensuche. In: Sozial Extra, Volume 40, 3/2016, S. 37–40.

Scherr, Albert/Schäuble, Barbara (2006): Jugendlicher Antisemitismus – (k)eine Herausforderung für die Jugendarbeit? In: Deutsche Jugend, H. 6/2006, S. 268–275.

Schmidt, Robert (2012): Soziologie der Praktiken: Konzeptionelle Studien und empirische Analysen. Berlin: Suhrkamp Verlag.

Schmitt, Rudolf (2017): Systematische Metaphernanalyse als Methode der qualitativen Sozialforschung. Wiesbaden: Springer VS.

Schneider, Jens (2001): Deutsch sein. Das Eigene, das Fremde und die Vergangenheit im Selbstbild des vereinten Deutschlands. Frankfurt am Main: Campus.

Schwarz-Friesel, Monika/Reinharz, Jehuda (2013): Die Sprache der Judenfeindschaft im 21. Jahrhundert. Berlin/Boston: De Gruyter.

Schwendemann, Wilhelm/Marks, Stephan (2003) (Hrsg.): Nationalismus und Antisemitismus als Unterrichtsthema. Band 1: Grundsätzliche Überlegungen. Schriftenreihe der Evangelischen Fachhochschule Freiburg, Bd. 17.

Steinke, Ronen (2020): Terror gegen Juden. Wie antisemitische Gewalt erstarkt und der Staat versagt – Eine Anklage. Berlin: Berlin Verlag.

Stender, Wolfram/Follert, Guido/Özdogan, Mihri (2010): Konstellationen des Antisemitismus – Antisemitismusforschung und sozialpädagogische Praxis. Wiesbaden: Springer VS.

Strauss, Anselm L. (1998): Grundlagen qualitativer Sozialforschung, 2. Aufl., München.

Thimm, Barbara/Kößler, Gottfried/Ulrich, Susanne (Hrsg.) (2010): Verunsichernde Orte. Selbstverständnis und Weiterbildung in der Gedenkstättenpädagogik. Frankfurt am Main: Brandes & Apsel.

Wachsmuth, Iris (2008): NS-Vergangenheit in Ost und West. Tradierung und Sozialisation. Berlin: Metropol-Verlag.

Welzer, Harald/Moller, Sabine/Tschuggnall, Karoline (2008): „Opa war kein Nazi" – Nationalsozialismus und Holocaust im Familiengedächtnis. 6. Aufl. Frankfurt am Main: Fischer Taschenbuch.

Wiegemann, Romina (2022): Die Thematisierung der Shoah in der Grundschule. Eine antisemitismuskritische Perspektivierung. In: Chernivsky, Marina/Lorenz, Friederike (Hrsg). Die Shoah in Bildung und Erziehung heute. Weitergaben und Wirkung in Gegenwartsverhältnissen. Berlin: Verlag Barbara-Budrich.

Zentralwohlfahrtsstelle der Juden in Deutschland (Hrsg.): Gefühlserbschaften im Umbruch. Perspektiven, Kontroversen, Gegenwartsfragen. Frankfurt am Main, S. 150–164.

Zick, Andreas/Hövermann, Andreas/Jensen, Silke/Bernstein, Julia (2017): Jüdische Perspektiven auf Antisemitismus in Deutschland. Ein Studienbericht für den Expertenrat Antisemitismus. Universität Bielefeld. Download verfügbar unter: https://uni-bielefeld.de/ikg/daten/JuPe_Bericht_April2017.pdf

Zick, Andreas/Küpper, Beate/Krause, Daniela (2016): Gespaltene Mitte. Feindselige Zustände. Rechtsextreme Einstellungen in Deutschland 2016. Bonn: Dietz.